Der Hof in den Bergen

Wolfgang Hardtwig

Der Hof in den Bergen

Eine Kindheit und Jugend nach 1945

VERGANGENHEITS
VERLAG

Impressum

Bibliografische Informationen der Deutschen Nationalbibliothek
Die Deutsche Nationalbibliothek verzeichnet diese Publikation in der Deutschen
Nationalbibliografie; detaillierte bibliografische Daten sind im Internet über
http://dnb.d-nb.de abrufbar.

ISBN: 978-3-86408-290-0

Korrektorat: Ralf Diesel
Satz und Layout: www.dariussamek.de
© Copyright: Vergangenheitsverlag, Berlin 2022 / 2. aktualisierte Auflage: 2023
www.vergangenheitsverlag.de

Abbildungsverzeichnis
Alle Abbildungen: Privatarchiv Wolfgang Hardtwig
Außer: Privatarchiv Franz Höflinger (Seite 18, 65, 66, 85, 97, 105, 170)
By Cafezinho – Own work, Public Domain,
https://commons.wikimedia.org/w/index.php?curid=6555370 (Seite 116)

Für Barbara

Inhalt

Von den Ursprüngen und vom Schreiben

Bei mir hing vieles am Großvater, dem legendären. Der Vater war im Krieg, sechs Jahre lang, und hat ihn heil überstanden, mit viel Glück. Nach einigen Monaten als Artillerist an der Kanalküste war er als Physiker beim Wetterdienst eingesetzt, hinter der Front oder mit dem Messen von Daten im Flugzeug beschäftigt. Es startete einmal zufällig ohne ihn und wurde abgeschossen. Als die Bombennächte in München zu bedrohlich wurden, beschloss die Familie, in den Bauernhof bei Reit im Winkl umzuziehen, den der Großvater 1932 gekauft hatte.

Dieser Vater meiner Mutter war ein bemerkenswerter Mann. Er wurde 1879 in Passau als Sohn eines Amtsrichters und der Tochter des Hotelier-Ehepaars Niederleuthner geboren. Nach einer steilen Karriere als Jurist in der Ministerialbürokratie avancierte er im Juni 1919 zum Staatsminister für Handel, Gewerbe und Industrie in Bayern. 1922 wechselte er als Staatssekretär in die Reichskanzlei, 1924 amtierte er als Reichswirtschaftsminister. Auch nachdem er anschließend Geschäftsführender Vorstand des Deutschen Industrie- und Handelstages geworden war, spielte er noch eine gewisse Rolle in der Innen-, Wirtschafts- und Handelspolitik der Weimarer Republik. Nach der Machtübertragung an Hitler sah er sich im Mai 1933 zum Rücktritt gezwungen. Als scharfer Kritiker des Nationalsozialismus schloss er sich 1934 dem oppositionellen Kreis um den ehemaligen bayerischen Generalstabsoffiziers Franz Sperr an. Diese liberal-konservative, bürgerliche Gruppierung arbeitete seit 1939 und verstärkt seit 1943 am Aufbau einer „Auffangorganisation" für den Fall des erhofften Endes der NS-Diktatur. Dabei trat sie auch in Kontakt mit dem „Kreisauer Kreis" um

James Helmuth Graf Moltke und mit dem Attentäter vom 20. Juli 1944, Graf Schenk zu Stauffenberg.

Am 13. November 1944, drei Tage nach meiner Geburt, schrieb meine Mutter aus dem Krankenhaus Reit im Winkl folgenden Brief an Theodor Heuss, den späteren ersten Präsidenten der Bundesrepublik Deutschland, mit dem ihr Vater politisch und persönlich befreundet gewesen war:

„Sehr verehrter lieber Herr Heuss! Aus der Tatsache, dass vor ein paar Tagen eine weitere Sendung von Ihnen an den Vater gekommen ist, entnehme ich, dass Sie noch nicht wissen, was bei uns geschehen ist.

Im Auftrag der Mutter, die sich zum Schreiben noch nicht recht aufraffen kann, teile ich Ihnen doch das Wesentliche kurz mit: am 2. Sept. wurde der Vater innerhalb kürzester Zeit vom Hof weggeholt und, wie wir später erfuhren nach Berlin gebracht. Wir blieben bis Mitte Oktober ohne Nachricht über sein Ergehen. Schließlich fragte ein jüngerer Bruder des Vaters, der als Kapitän z. S. nicht eher von Holland abkommen konnte, in Berlin persönlich nach, und erhielt den Bescheid, der Vater habe sich nach 3 Wochen [...] Haft im Sept. das Leben genommen. Wir selbst sind bis heute ohne jede Nachricht. Es ist [für] uns sehr schwer, das Ganze zu verstehen. Schreiben kann man ja nicht darüber. Mir persönlich hilft nur der absolute Glaube an den Vater darüber weg [...].

Ihre Dr. Gertrud Hardtwig-Hamm"

Der Großvater hatte sich während eines Verhörs aus dem dritten Stock einer Gestapo-Dependence des Gefängnisses Lehrter Straße aus dem Fenster gestürzt – so jedenfalls die bis heute nicht abschließend verifizierte Lesart des zuständigen Gestapo-mannes gegenüber meinem Großonkel Max. Wahrscheinlich hatte er befürchtet, den Verhör-Methoden bei der Forderung nach Preisgabe der Namen von Mitverschworenen nicht mehr standhalten zu können. Urne und Uhr wurden der Familie einige Wochen später per Post zugestellt.

Das Schicksal des Großvaters und die Trauer um ihn lasteten auf der Familie wie ein Albtraum, zunächst als Verlust, später als Mythos. Die Großmutter lebte noch elf Jahre; ich sah sie, solange sie morgens noch aufstehen konnte, nie anders als in tiefem Schwarz. Der Vater, von den Amerikanern interniert, kam im Sommer 1945 im nahen Bad Aibling auf eine nicht ganz legale Weise frei und wanderte, zur Tarnung mit einer gestohlenen Schaufel über der Schulter, auf direktem Weg über die Berge nach Reit. Seine Berufslaufbahn konnte er nur in einer Universitätsstadt fortsetzen. Die Mutter kümmerte sich um mich und meine knapp zwei Jahre ältere Schwester und pflegte fünf Jahre lang die Großmutter, nachdem diese schwer krank und nach mehreren Operationen bettlägerig geworden war. Nach dem Tod ihrer Mutter im März 1955 geriet sie in eine tiefe Erschöpfung, der Arzt verschrieb ihr einen dreiwöchigen Erholungsurlaub im Berchtesgadener Land, die erste Ruhepause in diesem Leben seit dem Ausbruch des Krieges. Jetzt hätte Normalität einkehren können, und das tat es auch ein Stück weit, aber die Lebensumstände der Familie blieben doch einigermaßen ungewöhnlich.

Der Hof in Reit im Winkl war nunmehr der Hauptwohnsitz der Familie. In den turbulenten und materiell schwierigen Nachkriegsjahren bot er eine gediegene Bleibe und ermöglichte den Kindern das Aufwachsen in einer ruhigen und landschaftlich ungemein reizvollen Umgebung. Vater und Mutter hatten beruflich keinen dringenden Anlass, in die Stadt zurückzuziehen.

Die Mutter, Studienrätin für Englisch und Französisch, hatte ihre Berufslaufbahn mit der Geburt der Kinder für lange Zeit aufgegeben. Der Vater hatte sich noch als Wehrmachtsoffizier kurz vor Kriegsende an der Technischen Hochschule Stuttgart als Physiker habilitiert, stand aber als österreichischer Newcomer in Deutschland nach Kriegsende ohne akademischen Anschluss da und lehrte – anfangs noch fundiert mit einem Industrieauftrag, später so gut wie ohne Einkommen – als Privatdozent zuerst in Stuttgart und dann an der LMU München Geophysik. Während der Woche wohnte er, zusammen mit zwei oder drei Untermietern, in der großbürgerlichen Wohnung, die der Großvater 1936 in der Münchner Friedrichstraße gemietet hatte, und unternahm meist nur an den Wochenenden, in den Nachkriegsjahren noch ohne Auto, die aufwändige, mehr als vierstündige Reise zu seiner Familie. Man konnte dieses Leben in den prekären Nachkriegsverhältnissen als passabel betrachten, wären da nicht der Schatten gewesen, der das tragische Ende des

Der Baierhof mit Geigelstein

Großvaters über die Familie warf, sowie die finanzielle Krisenlage, die, je länger desto mehr, die Familienharmonie bedrohte.

Der Reit im Winkler Bauernhof bot Platz für zwei fünfköpfige Familien. Die meine bewohnte die eine Hälfte, in der anderen, jenseits des Flurs, lebte die Familie der Baumeister – so nannte man damals den bäuerlichen Wirtschafter, der nicht in einem Pacht-, sondern in einem Lohnverhältnis die Landwirtschaft betrieb. 1947 bis zu ihrer Heirat 1951 betrieb die jüngere Schwester meiner Mutter, Tante Fride, die eine landwirtschaftliche Ausbildung durchlaufen hatte, zusammen mit einer Freundin und einem Knecht die Bauernwirtschaft.

Das Leben auf dem Hof stellt sich für mich heute überwiegend als ein großes Abenteuer dar. Es bot manche Härten, aber auch das Aufwachsen in einer Erlebniswelt, die heute sehr fern und fast exotisch anmutet, aber tiefe Eindrücke in meiner Erinnerung hinterlassen hat.

Baierhof (links) und Widhölzlhof (rechts) mit Kaisergebirge

Von ihr zu erzählen, erscheint mir auch deshalb sinnvoll, weil diese Welt inzwischen so gut wie vollständig untergegangen ist und – so scheint es mir – manches aus ihr lohnt, festgehalten zu werden.

Erzählen lässt sich auf verschiedene Weise: als bloßer Bericht über die Abfolge von Ereignissen; als breite Schilderung des Lebens und seiner Buntheit; als Gespinst von Reflexionen, die mehr oder weniger fest an zwei Angelpunkten in der Zeit, Anfang und Ende, befestigt sind; schließlich als diskursives Erzählen, das nach Ursachen und Wirkungen fragt. Es gibt den auktorialen Bericht von Erzählern, die vorgeben, das Ganze der erzählten Vergangenheit zu überschauen und die wahren Ursachen und Verflechtungen des Geschehens aus dem Verborgenen freizulegen; es gibt das bewusst perspektivische Erzählen von Autoren, die die Gebundenheit ihrer persönlichen Sicht auf die Vergangenheit literarisch einzuholen wissen; und es gibt die Erzähler, die die Fragmentiertheit ihres Wissens und Berichtens systematisch reflektieren und dieser Fragmentiertheit auch literarische Form geben. In der Realität wird die Erzählung immer eine Kombination aus diesen Idealtypen sein und das Schreiben seine eigene Logik entwickeln.

Der Autor sollte sich der Zugänge, die sich ihm jeweils aufdrängen, bewusst sein. Rein auktoriales Erzählen verbietet sich beim Niederschreiben von Erinnerungsskizzen von selbst, da sich der Autor der Verlässlichkeit seines Gedächtnisses nie sicher sein, aber auch aus dem Horizont seiner aktuellen Selbstbewusstheit und seines heutigen Wissens über die damaligen Vorgänge nicht herausspringen kann. Ein Erzählen nach dem Muster moderner fiktionaler Literatur, das die Lücken, Sprünge und Unschärfen der Erinnerung auch im Aufbau der Erzählung widerzuspiegeln vermag, ist dem Historiker unvertraut. Es empfiehlt sich also ein diskursives Erzählen ohne die Fiktion, einstige Gefühls- und Bewusstseinszustände so, wie sie wirklich gewesen sind, exakt darzustellen; ohne die Fiktion auch, das Geschehene hinreichend erklären zu können; und ohne die Fiktion schließlich, die Relevanz der unterstellten Zusammenhänge jeweils als „richtig" einschätzen zu können. Andererseits wird der Erzähler gerade bei autobiographischen Skizzen ohne die Fiktion eines sinnvollen Zusammenhangs der Zustände und Vorgänge zwischen einem gesetzten Anfang und einem ebenso gesetzten Ende nicht auskommen können. Er braucht eine – wenn auch noch so subjektive – Begründung für sein Schreiben, denn was hätte das Erzählen sonst für einen Sinn? Sie besteht in der Fiktion eines durch die bloße Existenz des autobiographischen Erzählers mehr oder weniger deutlich gegebenen inneren Zusammenhangs der dargestellten Ereignisse, unterhalb aller selbstverständlichen (auto)biographischen Illusionen und Irrtümer. Dass es sich dabei wirklich nur um eine Fiktion handelt, wie manche moderne Theoretiker meinen, erscheint mir unwahrscheinlich. Persönlich will ich mir den Glauben daran, dass es etwas gibt, was einen Lebensgang ungeachtet aller Brüche, Kontingenzen und vom Erzähler unterstellten fiktiven Zusammenhänge im Innersten zusammenhält, nicht nehmen lassen.

Vom Krieg

Das Dorf war vom Krieg verschont geblieben. Nicht einmal eine Fliegerbombe hatte sich hierher verirrt. Allerdings hatte es durchaus einen Versuch gegeben, den Ort gegen den Einmarsch der Amerikaner zu verteidigen. Zwischen Ruhpolding und Reit im Winkl, bei Seegatterl, war ein kleiner Trupp aufgeboten worden, die vordringenden amerikanischen Panzer zu bekämpfen, von denen einige auch zur Strecke gebracht wurden. Von gefallenen Verteidigern wurde nichts überliefert.

Mir scheint, dass sich meine Begeisterung beim Anhören dieser Geschichte in Grenzen hielt. Zwar altersentsprechend empfänglich für jede Art von Heldentum, schien mir diese Aktion doch allzu sinnlos. Als ich zu Hause berichtete, was uns der Lehrer gerade erzählt hatte, hörte ich den Kommentar, der mir von ähnlichen Situationen schon bekannt war und der für mich auch alles klärte, weil er die Sache in eine negative Beziehung zum mythischen Großvater brachte: „der alte Nazi". In der dritten oder vierten Volksschulklasse fand der Lehrer mehrfach Gelegenheit, diese heroische Tat in glühenden Farben auszumalen. Es dauerte dann rund 60 bzw. 70 Jahre, bis ich Gelegenheit hatte, zu erfragen, was sich damals wirklich zugetragen hatte, Bürgermeister und Gemeindesekretär gaben dazu bereitwillig Auskunft. Tatsächlich stand das Reit im Winkler Tal Ende April 1945 voller Wehrmachtfahrzeuge aller Art, die hier ihren letzten Rückzugsort gefunden hatten. Zudem hatten sich auch verschiedene versprengte Truppenteile versammelt. Ein fanatischer SS-Offizier befahl am 5. Mai 1945 die Verteidigung des Tales an der schmalsten Stelle des Zugangs von Ruhpolding her, am „Dürnbachkreuz" zwischen dem Weitsee und dem steil ansteigenden Nordhang des Dürnbachhorns. Dabei fielen dreizehn sehr junge SS-Soldaten, der Jüngste achtzehn Jahre alt. Von abgeschossenen amerikanischen Panzern wussten die befragten Chronisten nichts. Als der amerikanische Befehlshaber merkte, dass er beim Vorrücken in das Tal auf ernsthaften Widerstand stieß, beschloss er, kein Risiko mehr einzugehen und den Ort, der sich in ein Militärlager verwandelt hatte, bombardieren zu lassen. An den nächsten Tagen herrschte allerdings dichter Schneefall, so dass die Flugzeuge nicht starten konnten. Es war also pures Wetterglück, dass das Dorf von einer Katastrophe unmittelbar vor Kriegsende verschont blieb.

Im Haus hatte der Krieg ein paar Gegenstände zurückgelassen, deren Herkunft erklärt werden wollte. So gab es einen kleinen, aber präzise funktionierenden Klappspaten, der zu den anderen Geräten am Hof nicht recht passte, ein etwa 30 Zentimeter langes starres, sehr stabiles, aber stumpfes Messer – wohl ein Bajonett, das auf einen Gewehrlauf aufgepflanzt werden konnte – sowie ein Paar äußerst solider, warmhaltender Stiefel mit hohem Filzschaft, die noch jahrzehntelang bei groben winterlichen Arbeiten rund ums Haus in Gebrauch waren. Alle diese nützlichen Dinge waren von Soldaten zurückgelassen worden, die sich bei Kriegsende einige Tage in Tenne und Schuppen einquartiert und schließlich selbst demobilisiert hatten. Ich muss darüber schon früh etwas gehört haben, weil ich fragte, woher die schönen Stiefel und der auffällige Spaten kämen. Zuletzt gab mir überraschenderweise das Gästebuch genauere Auskunft, das ich beim Niederschreiben dieser Zeilen zu Hilfe nahm. Zwischen Ende April und dem 16. Mai 1945 hatten mehrere Trupps und Einzelpersonen auf dem Hof Unterschlupf gesucht. Zeitweise kamen im Bibliothekszimmer im zweiten Stock vier Arbeitsdienstführer unter, während 30 Mann gemeines

Arbeitsdienstvolk in der Tenne hausten. Für den 6./7. Mai trug sich ein General Siebert ein, von dem sich laut Gästebuch herausstellte, dass er vor einem halben Jahrhundert Tanzstundenherr der Großmutter gewesen war. Immerhin brachte er – auch das vermerkte das Gästebuch – einige schwere Weinkisten mit auf seinem Weg aus dem Krieg. Vom 5. bis 14. Mai lebten zudem ein paar Mann Luftnachrichtentruppen im Haus.

Später, als Dreizehn- oder Vierzehnjähriger, hörte ich, wenn ich nach dem Abendessen mit meinem Freund Ernst in der Bauernstube des Nachbarn Frohwieser Karten spielte, vom anderen Tisch her, wo Sommer- oder Wintergäste saßen, Gesprächsfetzen, in denen etwa von den Strapazen einer winterlichen Meldefahrt „im Raum Charkow" die Rede war und davon, dass einem bei einer solchen Fahrt schon einmal der Fuß auf dem Pedal festfrieren konnte.

Eines Tages ging die Nachricht durchs Dorf, unser Nachbar „Mooshäusl", der an den Palmbäumen der Buben immer so kunstvoll den Bund aus gewässerten Weidenzweigen befestigt hatte, habe sich erschossen, weil er die Schmerzen seiner schlecht verheilten Kopfwunde aus dem Krieg nicht mehr aushalten konnte – dem Ersten Weltkrieg wohlgemerkt, in dem er als gebürtiger Österreicher als Kaiserjäger gedient hatte. Beide Kriege hatten im Ort zu furchtbaren Verlusten geführt. In unserer unmittelbaren Nachbarschaft waren zwei Bauern schwerverletzt aus dem Zweiten Weltkrieg zurückgekommen und hinkten stark, was mir als Kind sehr wohl auffiel. Einer hatte zudem 1944 zwei Brüder in Russland verloren und die Witwe seines älteren Bruders geheiratet. Der andere hatte ebenfalls einen Bruder verloren, der 1946 in einem russischen Lazarett gestorben war. Diese Schicksale kannte ich, weil sie Nachbarhöfe betrafen.

Das ganze Ausmaß der Kriegsverluste des Ortes begriff ich aber erst 2019, als ich anlässlich eines Klassentreffens meiner Volksschulklasse zur „Kriegerkapelle" hinaufstieg, die 1923/24 an einem steilen Südhang des Hausbergs errichtet worden war. Architekt war der Münchner Regierungsbaumeister Bruno Bieler, der dem Ort auch als Pionier des Skisprungs verbunden war. Bei meinen späteren Studien über die Denkmalkultur in Deutschland war mir in einer Publikation aus den späten Dreißigerjahren ein Foto dieses kleinen, überaus gelungen der Landschaft eingepassten Monuments aufgefallen, an dem ich als Schüler bei Erkundungsgängen auf dem Heimweg öfter vorbeigekommen war. Der Platz bietet einen großartigen Blick über das ganze Tal und auf die monumentale Bergkette des Wilden und Zahmen Kaisers im Westen.

Die Kriegerkapelle

Im Inneren des Kirchleins sind an den Wänden Tafeln mit den Namen und Todesdaten und -orten der Gefallenen und der zahlreichen, noch nach Kriegsende in russischer Gefangenschaft und im Lazarett gestorbenen Soldaten angebracht. In der speziellen Anbringung der Tafeln nach Himmelsrichtungen und in den Überschriften „gegen Westen", „gegen Osten" usw. hat der Nationalismus dieser Jahrzehnte seine Spuren hinterlassen. Jetzt, 2019, las ich die Tafeln erstmals Zeile um Zeile durch und begriff das schreckliche Schicksal, das manche Familie heimgesucht hatte. Um nur zwei Beispiele von damals prominenten Sportlern zu nennen: Das Ehepaar Zuck hatte zwei Söhne. Stefan war ein herausragender Bergsteiger und hatte unter anderem 1938 an der – erfolglosen – Expedition zum Nanga Parbat teilgenommen. Er stürzte als Pilot 1941 über Warschau ab. Sein Bruder Pankraz diente als Bildberichterstatter bei den Gebirgsjägern und fiel 1943 im Kaukasus. Franz Haslberger war Fotograf und Skispringer, war 1936 und 1938 deutscher Meister geworden, hatte 1936 an der Olympiade teilgenommen und fiel bereits im September 1939 bei Lemberg.

Hinter dem kleinen Mooshäusl-Anwesen standen nahe dem Weg zum Dorf zwei aus der Umgebung etwas herausstechende Gebäude gleichen Baustils, die „Fliegerhäuser". Sie waren 1937 als Erholungsheim für Piloten gebaut worden, jetzt wohnten dort Grenzpolizisten mit ihren Familien sowie einige Flüchtlinge. Überhaupt die Flüchtlinge! Es gab eine Menge von ihnen im Dorf. In späteren Jahren war von einstigen Flüchtlingen oft die Standarderzählung zu hören und zu lesen, wie sehr sie von den Einheimischen geschnitten und ausgegrenzt worden seien. Dem war sicher so, aber als Sechs-, Zehn- oder

Vierzehnjähriger merkte ich davon nicht viel. Sicher hatte ich kein besonderes Gespür dafür, doch gab es auch wenig Anlass, so etwas zu entwickeln. Ich glaube nicht, dass es auf der Seite der einheimischen Kinder nennenswerte Animositäten gab. Die Spannungen brachen auf der Ebene der Erwachsenen auf, und ganz unberührt blieben die Kinder davon natürlich nicht. Zweifellos nimmt sich die Sache aus der Sicht der Flüchtlinge ganz anders aus als aus der der Einheimischen. Im Falle meiner Familie mag hinzukommen, dass sie auch nicht eigentlich zu den Einheimischen zählte.

Im Hof selbst, dessen Wohnhaus mit je einer mindestens fünfköpfigen Familie links und rechts des Flurs gut belegt war, waren keine Flüchtlinge einquartiert worden, wohl aber im angrenzenden Zuhaus. Die sechs sehr kleinen Zimmer teilten sich zunächst drei, später zwei Parteien. Am besten hatte es eine ausgebombte Münchner Metzgerstochter und Kunstmalerin getroffen, eine Frau namens Schlagenhauffer, mit einem großen Raum und herrlichem Blick auf das Kaisergebirge. Die Künstlerin hat es freilich in den zehn oder zwölf Jahren ihres Hausens dort nie geschafft, ein Bild zu malen. Einmal die Woche erschien sie bei uns zum Mittagstisch und vertrat in der Unterhaltung die grob-handfeste Weltsicht und den derben Witz des Münchner Kleinbürgertums. Zeitweise lebte sie vom damals noch lohnenden Schmuggel über die nur 200 Meter entfernte österreichische Grenze; beim Bichler-Ball, dem Faschingsfest der Ortsteile Oberbichl und Birnbach im Gasthof Steiner, verhöhnte sie die am Ball teilnehmenden Grenzer aus den Fliegerhäusern, indem sie sich als Schmugglerin verkleidete. An dem Rucksack, den sie trug, baumelten kleine Schachteln mit Aufschriften wie „Zigaretten", „Zigarren" oder „Rum".

Das Zuhaus, die Bleibe der Flüchtlinge

Die Zimmer neben ihr bewohnte zeitweise das kinderlose Ehepaar Gramolowski, das von der Behindertenrente des Mannes lebte. Die Kunstmalerin Schlagenhauffer, deren Balkontür unmittelbar neben der der Gramolowskis lag, erzählte gern, wie eines Tages, als der Mann sich mit seinem Krückstock auf den Weg ins Dorf machte, seine Frau ihm nachrief: „Alois, vergiss das Hinken nicht." Im Erdgeschoss hauste eine sudetendeutsche Familie mit Kindern im Alter meiner Schwester und mir, zeitweise meine besten Spielgefährten. Der Sohn Gerd bewies viel Unternehmungsgeist und beherrschte die nicht ganz ungefährliche Kunst, mit kleinen und sehr harten Schneebällen präzise ins Ziel zu treffen. Dass er zu seinem zwölften oder dreizehnten Geburtstag ein ziemlich leistungsfähiges Luftgewehr geschenkt bekam, gefiel meinen Eltern nicht. Im ersten Jahr ihres Aufenthalts im Zuhaus hatte meine Mutter in einer ihrer menschenfreundlichen Regungen die Familie zum Weihnachtsabend im Hof eingeladen, was sich als wenig glückliche Idee herausstellte. Der festliche Glanz der großbürgerlichen Weihnachtsdekoration in einem intakten und geräumigen Ambiente weckte offenbar verständliche Ressentiments gegenüber den vom Fluchtschicksal verschont Gebliebenen. Diese Flüchtlinge waren zudem eingefleischte Nazis. Nachdem sich mit einiger Verspätung herumgesprochen hatte, dass der Großvater nicht wiederkommen würde, drohte der Mann meiner Mutter gelegentlich an, es würden jetzt andere Seiten aufgezogen, man werde schon sehen, wer hier das Sagen habe. Klugerweise wurden die Kinder aus solchen Auseinandersetzungen weitgehend herausgehalten.

Viele Jahre später erinnerte mich mein Freund Gerd an einen Vorfall, der mir selbst immer wieder einmal durch den Kopf gegangen war. Zum Hof gehörte ein kleiner Wald, in dem die Flüchtlingsfamilie regelmäßig ihr Holz für den Winter sammelte. Gerd zog dann mühsam mehr oder weniger große Bündel toten Holzes hinter sich her und stapelte es zum Trocknen unter dem Vordach des Zuhauses. Eines Tages, wir mögen 12 und 14 Jahre alt gewesen sein, fällten Holzarbeiter in diesem Wald mehrere Bäume und Gerd zog einige Nachmittage lang die größeren abgeschlagenen Äste zum Haus. In mir regte sich der Besitzerinstinkt und ich erklärte ihm, er solle die größeren Äste liegenlassen, wir würden sie selbst noch brauchen. Natürlich holten wir sie nicht, wir brauchten das grüne Holz auch nicht und die Äste moderten im Lauf der Jahre vor sich hin. Gerds Vater brachte sich und seine Familie seit Beginn der Fünfzigerjahre im Aufschwung des Fremdenverkehrs durch einen Liegestuhlverleih beim nächstgelegenen Gasthof durch. Danach suchte und fand er eine Stelle als Sparkassenangestellter und zog mit seiner Familie nach Nürnberg. Nach seinem Tod ließ sich seine Witwe aber wieder in Reit im Winkl nieder und auch die Kinder kamen häufig in ihre zweite, aber vertraut gewordene und insofern eigentliche Heimat zurück. An der Jahreswende 1957/58 verbrachte Gerd von Nürnberg aus eine Woche auf dem Baierhof und bedankte sich im Gästebuch für diese schönen Tage im „gelobten Land". Vor der Räumung des Hofs nach dem Verkauf 1978 erschien er plötzlich wie aus dem Nichts, fotografierte alle Räume noch einmal durch und half beim Aufschichten all der unbrauchbaren Möbel- und Gerätereste, die dann bei einem melancholischen Umtrunk in einem großen Feuer aufgingen.

Ich hatte nie den Eindruck, dass die Flüchtlingskinder im Dorf explizit benachteiligt worden wären. Bei den Buben gaben sie vielfach den Ton an, zumindest auf dem Fußballplatz. In der Oberschule in Marquartstein stellten die vier Söhne eines bald zum Technischen Direktor des Körting-Werks in Grassau avancierten Ingenieurs regelmäßig den Klassenprimus. In der Geschäftswelt von Reit im Winkl machte ein Kaufmann Furore, der bald die Geschäftsführung des neu gegründeten Konsumvereins übernahm und den Laden zum führenden Lebensmittelgeschäft am Ort machte, so dass nach kurzem Zögern auch die „Besseren" am Ort dort einkauften. In einer kleinen, von einem Flüchtlingsehepaar gegründeten Fabrik verdiente ich als Hilfsanstreicher Ende der Fünfzigerjahre mein erstes eigenes Geld. Der Inhaber avancierte alsbald zum Vorsitzenden der Alpenvereinssektion Reit im Winkl/Kössen (der Verein funktionierte auch nach 1945 noch grenzüberschreitend). Eine Sonderstellung am Ort genoss meine Klavierlehrerin, von der meine Mutter, gestützt auf untrügliche Indizien, hartnäckig behauptete, sie sei die Tochter des polnischen Komponisten und Starpianisten sowie ersten Ministerpräsidenten der neugegründeten Republik Polen, Ignacy Jan Paderewski. Der preziöse Stil der Dame, ihr Auftreten, die vornehm-teure Ausstattung ihres schon Mitte der Fünfzigerjahre neu gebauten eigenen Hauses und ihr immer wiederkehrender Hinweis, sie sei Schülerin einer Liszt-Schülerin, ließen diese Vermutung zusätzlich plausibel erscheinen. Mir selbst war die künstlerhafte und etwas hysterische Emphase, mit der sie mich nach gelungenem Spiel an ihren Busen drückte, ebenso zuwider wie die brutalen Schläge mit einem schweren Bleistift auf meine Finger, wenn ich die richtigen Noten nicht fand. Ihr Mann, offensichtlich sehr einfacher Herkunft und im Dorf als knickeriger Gloifl (unhöflicher Grobian) verschrien, gründete bald nach der Ankunft des Paars in Reit ein Kleinunternehmen zur Herstellung von Kunstblumen, das auf einer Schautafel der Industrie- und Handelskammer Oberbayern Mitte der Fünfzigerjahre als einziger Betrieb in Reit mit mehr als fünf Beschäftigten ausgewiesen wurde.

Mitte der Sechzigerjahre hatte sich die Frage nach Integration oder Ausgrenzung der Flüchtlinge erledigt. Sie verstärkten den evangelischen Bevölkerungsanteil im Ort, ohne dass dies irgendwie ins Gewicht fiel, die meisten hatten rasch Fuß gefasst und trugen dauerhaft zur Belebung des Wirtschaftslebens in Reit bei. Einige hatten irgendwo in Deutschland wieder Anschluss an ihren Beruf und zum Teil auch an ihr soziales Milieu gefunden, viele zählten zu den erfolgreichen Aufsteigern am Ort, und die Konjunktur des Fremdenverkehrs mit den vielen Touristen und allmählich auch dauerhaft sich niederlassenden Pensionisten ermöglichte Wohlstand auch für diejenigen, die bei Kriegsende ohne jede Habe angekommen waren. Natürlich kam es auch vor, dass einer auf der Strecke blieb. Beim einzigen Installationsgeschäft am Ort arbeitete ein Mann, der für die schwierigen Aufgaben zuständig war, ein ausgezeichnetes Hochdeutsch sprach und auffallend gute Manieren hatte, bei dem man aber, wenn man nahe bei ihm stand, immer einen leichten Alkoholgeruch wahrnahm. Die Mutter, die ihn seiner Tüchtigkeit und Sprache wegen schätzte, behauptete steif und fest, er müsse in seinem früheren Leben Ingenieur gewesen sein und verharre wohl aus irgendwelchen, aber plausiblen Gründen in seiner untergeordneten Stellung. Während meiner Ferienarbeit beim Forst lernte ich einen freundlichen, aber einzelgängerischen Oberschlesier kennen, der als Hilfsarbeiter beim Forst hängengeblieben war und sich ein paar Jahre später in seiner Einsamkeit das Leben nahm.

Für jemanden, der ein halbes Jahr vor dem Ende des Krieges geboren wurde, lag der Krieg jenseits der eigenen Erfahrungsschwelle und stellte insofern nur eine abstrakte Größe dar. Trotzdem war er in der Kindheit sehr gegenwärtig. Überhaupt hat man wohl heute kaum mehr eine Vorstellung, wie allgegenwärtig er zumindest im ersten Nachkriegsjahrzehnt in der täglichen Anschauung in seinen Folgen für den Alltag und in der Erinnerung war. Für die Kinder am wichtigsten war zunächst die Existenz von Mitschülern, die anders sprachen als die Kinder von den Nachbarhöfen und man selbst – und deren Herkunft erst erklärt werden musste. Dazu kam bei uns speziell der Umgang mit den Flüchtlingen, die im Zuhaus wohnten. „Sudetenland" und „Jägerndorf" waren daher schon früh geläufige Synonyme für „Flucht", „im Osten", „schweres Schicksal" und manchmal auch so etwas wie „aufpassen, was man sagt". Außerdem war die Redewendung „im Krieg" oder „nach dem Krieg" oder „gleich nach dem Krieg" gang und gäbe. Meist diente sie dazu, gelegentliche Widerstände gegen nicht schmeckendes Essen zu brechen. „Im Krieg haben wir Wassersuppe gegessen ..." – oder sonst irgendein Gericht, dessen Dürftigkeit, um nicht zu sagen Scheußlichkeit, dann ausführlich beschrieben wurde.

Bald schon tauchte bei den Kindern die Frage auf, warum wir hier in Reit im Winkl hausten, der Vater aber in München arbeitete und während der Woche auch wohnte. Seit wir in die Volksschule gingen, nahm uns die Mutter gelegentlich bei ihren Einkaufsfahrten zum Schlussverkauf in München mit. Außerdem musste ich früh schon zu einem HNO-Spezialisten in der Ludwigstraße und bald darauf zur Mandeloperation ins Krankenhaus Josephinum in der nahegelegenen Schönfeldstraße. Während meiner Aufenthalte im Zimmer und auf den Fluren des Krankenhauses entstand mehrfach Aufregung bei Patienten und Personal. Wer konnte, drängte sich zum Fenster, um in den Hof hinunterzuschauen. Dort saß ein ungeheuer dicker Mann auf einer Bank oder wanderte mühsam ein paar Schritte herum: „der Auerbach, der Auerbach" hieß es dann. Als dann einmal der Vater am Krankenbett stand, während wieder das aufgeregte Geflüster die Runde machte, fragte ich ihn: „Wer ist denn der Auerbach?" Der Vater zögerte zunächst etwas, entschloss sich dann aber zu einer kurzen und klaren Antwort, die sinngemäß lautete: Das ist ein jüdischer Politiker, der hat angeblich Wiedergutmachungsgelder verschwinden lassen. Es folgte eine Erläuterung, mit der ich wenig anfangen konnte. Aber Szene und Satz sind mir in Erinnerung geblieben: dass es an den Juden etwas wiedergutzumachen gebe, dass eine Wiedergutmachung mit Geld für ein mir noch ganz undeutliches, fürchterliches Unrecht eine fragwürdige Sache sei und dass es offenbar Leute gab, die ohnehin schon schwer geschädigte Mitmenschen, deren Sache sie vertreten sollten, selbst noch einmal betrogen. Dem Vater war bei der Sache nicht recht wohl. Zwar schaute auch er dann zum Fenster hinaus, aber bei seiner Antwort senkte er die Stimme und wollte sichtlich nicht, dass andere Leute ihn hörten – was mich irritierte. Festgesetzt hat sich bei mir auch der Eindruck, Genaues wisse man noch nicht, es sei ein Prozess im Gange, „man sage, dass ...". Heute wundere ich mich, welchen Eindruck diese Geschichte in meiner Erinnerung hinterlassen hat. Aber es waren mit den Stichwörtern Juden, Wiedergutmachung, Unrecht, Betrug wohl in meinem Bewusstsein bereits vorhandene Begriffe gefallen, die auf, wenn auch äußerst vage Vorstellungen über irgendwelche, nicht lange zurückliegende, aber fürchterliche Ereignisse zutrafen. Und so viel war auch klar: Das Wort Jude umschloss einen geheimnisvollen, auf rätselhafte Art besonderen Personenkreis, der Schreckliches erlitten hatte, obwohl viele dieser Juden offenbar bedeutende Menschen gewesen waren, die – wiederum auf rätselhafte Weise – anders waren als wir selbst.

Tief beeindruckte mich kleinen Buben vom Land der Anblick Münchens als Stadt überhaupt, aber auch ihre hochgradige

Zerstörung. Zwar lernte ich die Stadt in diesem Zustand kennen und fand bald nichts Besonderes mehr daran, aber der Trümmerhaufen des zerstörten Eckhauses neben der Friedrichstraße 17 warf ebenso viele Fragen auf wie das prachtvolle große Jugendstilhaus schräg gegenüber, das völlig unzerstört geblieben war. Der Postbus von München nach Reit im Winkl musste in der Nähe von Holzkirchen, das mir ein Begriff war, weil der Vater dort zeitweise arbeitete, die Autobahn verlassen und auf einer engen Behelfsstraße tief ins Mangfalltal hinunter und auf der anderen Seite wieder hinauffahren. Dabei konnte man ab und zu einen Blick auf die Stümpfe der zwei gewaltig hohen Pfeiler der Mangfallbrücke werfen, die durch Bomben zerstört worden war. Außerdem musste im großen Bogen das Gelände des amerikanischen Militärflughafens Neubiberg umfahren werden – was entsprechende Erklärungen verlangte.

Die Fahrschülerexistenz seit meinem neunten Lebensjahr brachte mich auf dem 15 Kilometer langen Weg zur Oberrealschule in Marquartstein mit Literatur in Berührung, die ich aus der Sicht der Eltern eigentlich nicht hätte in die Hand nehmen dürfen: Comic-Hefte, u.a. Micky-Maus und Tarzan, Illustrierte wie Die Bunte, Revue und Stern, und schließlich Hefte aus dem rechtslastigen Moewig-Verlag über deutsche Heldentaten und das Soldatenleben im Ersten und Zweiten Weltkrieg. Natürlich wusste ich als Zwölfjähriger bereits, dass die Deutschen zwei fürchterliche Kriege angezettelt und im Zweiten Weltkrieg schreckliche Verbrechen begangen hatten; dass Adolf Hitler ein gewissenloser Volksverführer gewesen war, umgeben von einer ebenso gewissenlosen Clique von Helfern; dass die Deutschen den Ersten Weltkrieg plausiblerweise gegen eine erdrückende Übermacht verloren hatten; und dass die Niederlage im Zweiten Weltkrieg nicht nur militärisch, sondern auch politisch und moralisch notwendig gewesen war. Aber das änderte nichts an dem urwüchsigen kindlichen Nationalstolz, den ich von irgendwoher eingesogen hatte – vermutlich ganz selbstverständlich durch die häusliche Atmosphäre – die keineswegs einem forcierten Nationalismus entsprechen musste. Schließlich wuchs man auf in der Anschauung einer elementar bejahten, anregenden und für gut und schön befundenen heimatlichen Umgebung und wurde anhand ihrer Artefakte mit der Welt vertraut gemacht. Bewusster mögen die Volksschullehrer, die großenteils überzeugte Nazis gewesen waren, auf ein nationales Weltbild hingewirkt zu haben. So befand ich mich bei solchen kindlichen Lektüren von früh an im Zwiespalt. Am Anfang stand, für mein frühestes historisches Bewusstsein, die Niederlage – oder genauer: die doppelte Niederlage von 1918 und 1945. Die zweite war berechtigt und notwendig – militärisch, politisch und moralisch. Das hatte ich den gelegentlichen Äußerungen vor allem des Vaters über diese Dinge bereits entnommen. Aber andererseits: Dass der Erste Weltkrieg durch einen dubiosen Mord am österreichischen Thronfolger ausgelöst worden war und dass die Westmächte nach ihrem Sieg einen übertrieben demütigenden Friedensschluss erzwungen und auch danach vielfach eine törichte Politik betrieben hatten, das saß schon ebenso fest in meinem Hirn. Niemals, so wusste ich, hätte Adolf Hitler Polen, Frankreich, England und gar Russland angreifen dürfen – das war ja, wie jeder sofort sehen musste, schon militärisch der reine Wahnsinn. Aber der dreizehn- oder vierzehnjährige Junge begeisterte sich trotzdem für die deutschen Waffentaten. Der Angriff auf Frankreich war ein unheilvolles Verbrechen – aber doch eine militärische Leistung, ebenso natürlich wie der Vormarsch deutscher Truppen bis vor Moskau, St. Petersburg und in den Kaukasus. Ziemlich fassungslos saß ich vor den Karten des Historischen Weltatlas' und studierte die wechselnden Frontlinien zwischen 1941 und 1945, später dann die, wie mir schien, noch unwahrscheinlicheren im Osten am Ende des Ersten Weltkriegs. Ich staunte über die Besetzung Norwegens und die deutsch-finnische Russlandfront in Karelien, über den Besitz der Krim und die Besteigung des Elbrus, über die Besetzung der gesamten Balkanhalbinsel, die Eroberung Kretas durch deutsche Fallschirmjäger und den Vormarsch Rommels durch die nordafrikanische Wüste von Tobruk bis kurz vor den Suezkanal. Dass es Deutschland nach dem Kriegseintritt Amerikas sozusagen mit der ganzen Welt aufgenommen und ganz Europa erobert hatte – das ließ mein Herz trotz des Wissens um den Irrsinn des Unternehmens höherschlagen.

Vor allem der Seekrieg hatte es mir angetan. Auf einer Rückfahrt von der Schule in Marquartstein war mir eines der etwa dreißigseitigen Moewig-Hefte „SOS-Schicksale deutscher Schiffe" in die Hand gefallen. Es behandelte den Bau, die Gefechte und den Untergang des schweren Kreuzers „Prinz Eugen", nach den Schlachtschiffen „Bismarck" und „Scharnhorst" das größte Kriegsschiff der deutschen Marine im Zweiten Weltkrieg und zumindest indirekt beteiligt an der legendären Versenkung der „Hood" – des Stolzes der englischen Flotte – am 24. Mai 1941 vor der norwegischen Küste. Von da an versuchte ich mir jedes weitere SOS-Heft zu verschaffen, zunächst leihweise, dann aber ausdrücklich auch als Besitz und Sammelobjekt, bezahlt aus meinem kärglichen Taschengeld. Alle diese Schiffsgeschichten durchzog – trotz der zahllosen Siege und Triumphe – ein melancholischer Grundton, begründet im unausweichlichen Ende durch Versenkung, Untergang, Auslieferung oder, im schmählichsten Fall, pure Verschrottung nach Kriegsende. Die Hefte schilderten Schiffe und Helden aus dem Ersten und

Zweiten Weltkrieg, so dass ich mir vom U-Boot-Kommandanten Günther Prien und seinem ingeniösen Eindringen in den schwer gesicherten Flottenstützpunkt Scapa Flow zu Beginn des Zweiten Weltkriegs, von den Kaperzügen umgerüsteter Frachtschiffe als „Hilfskreuzer" mit geschickten Täuschungsmanövern etwa des „Seeteufels" Graf Luckner, den Seeschlachten am Skagerrak und an der Doggerbank, der Selbstversenkung der 1919 ausgelieferten deutschen Kriegsflotte in Scapa Flow, der Seeschlacht vor den Falklandinseln usw. usw. ein lebensnah wirkendes Bild von den Taten der deutschen Kriegsmarine im 20. Jahrhundert machen konnte.

Sonderbarerweise interessierten mich hauptsächlich die Schiffe und ihre Schicksale. Einmal fiel mir auch ein Landser-Heft in die Hand; ich las es durch und hatte ein für alle Mal genug davon. Das war eindeutig kriegsverherrlichender und primitiver, also abzulehnender Schund. Klugerweise bewiesen die Eltern Nachsicht. Ich hatte offenbar von früh an eine Vorliebe für das Maritime an den Tag gelegt. Zudem gab es einen familiären Ankerpunkt, und damit ließen sich auch sonderbare Interessen erklären und rechtfertigen. Der jüngere Bruder des Großvaters, Onkel Max, hatte, obgleich im tiefsten Bayern geboren, die Laufbahn eines Marineoffiziers eingeschlagen und im Ersten Weltkrieg ein U-Boot kommandiert. Er beendete diese Karriere zwangsweise infolge der Demobilisierungsbestimmungen des Versailler Vertrags 1919 im Rang eines Kapitäns zur See und sattelte nach einem von seinem Bruder mitfinanzierten Studium als Vierzigjähriger um, bis er sich 1934 reaktivieren ließ. Sehr wahrscheinlich war er als Schüler von der um 1900 grassierenden bürgerlichen Flottenbegeisterung im Übermaß ergriffen worden. Der Satz: „Das hat er vom Onkel Max" half meinen Eltern über die Jahre meiner Obsession hinweg.

Die Flottenbegeisterung lag hinter mir, als ich mit 14 oder 15 Jahren auf die beiden Bände von Jürgen Thorwald stieß: „Es begann an der Weichsel" und „Das Ende an der Elbe" (Stuttgart 1950). Thorwald hatte den Krieg mit historischen Arbeiten beim Oberkommando des Heeres verbracht und unter seinem eigentlichen Namen Heinz Bongartz zwischen 1939 und 1944 drei Bände zur Luftmacht und Seemacht des „Dritten Reichs" publiziert. Seine Darstellung des Weltkriegsendes beruhte auf einer Vielzahl sehr heterogener Quellen, verbunden mit der eigenen Anschauung von Flüchtlingstransporten der Marine, sowie Kenntnissen aus mündlichen und schriftlichen Erinnerungen von Beteiligten. Thorwald beschrieb Abläufe (etwa im Führerbunker und von militärischen Vorgängen) präzise, kombinierte damit aber auch literarisierte Beschreibungen des Flüchtlingselends. An den Inhalt der beiden Bücher erinnere ich mich nur noch sehr selektiv. Panzergeneral Guderian, Anfang 1945 Generalsstabschef des Heeres, spielt eine große Rolle und blieb mir wohl vor allem im Gedächtnis, weil Thorwald ihm eine permanente Opposition gegen verfehlte strategische Entscheidungen Hitlers zuschrieb. Erinnern kann ich mich auch an eine ausführliche Schilderung der als unsinnig dargestellten Verteidigung der „Festung Breslau", sowie an die obsoleten Versuche Hitlers im Bunker der Reichskanzlei, mit der praktisch nicht mehr existierenden „Armee Wenck" Entsatz für das von der Roten Armee bereits eingekesselte Berlin zu organisieren. Ausführlich war – nach meiner Erinnerung – auch von Flucht und Vertreibung der deutschen Bevölkerung im Osten die Rede, ohne dass ich irgendeinen dieser Vorgänge in der Erinnerung spezifizieren könnte. Gar nichts blieb bei mir hängen von den Hinweisen auf die deutschen Verbrechen in Polen und Russland oder an den Juden, die Thorwald auch eingefügt hat, wenn auch unangemessen knapp im Verhältnis zu den deutschen Leiden. Wie die beiden Bände in die häusliche Bibliothek gekommen sind, war mir schon bei der Lektüre ein Rätsel – ich nehme an, einer der vielen Besucher hatte sie mitgebracht. Ich fand die Bücher damals höchst informativ, andere Möglichkeiten, mir genauere Kenntnisse über das militärische Geschehen zu verschaffen, waren mir bis dahin nicht begegnet und begegneten mir auch bis gegen Ende meines Studiums nicht. Immerhin hatte ich damals einen prominenten „Mitleser". Der spätere Bundestagspräsident Eugen Gerstenmaier berichtet in seinen Erinnerungen, er habe „Es begann an der Weichsel" einmal am Krankenbett Adenauers liegen sehen, der Kanzler hätte das Buch aufmerksam gelesen und gesagt, dass er „vieles erst aus diesem Buch erfahren habe".

Ein tiefergehendes Interesse am Krieg hat sich aus alledem nicht entwickelt. Im Gegenteil: Eingelagert in die selbstkritische Deutung der deutschen Geschichte im 20. Jahrhundert, wie sie sich aus der Familiengeschichte, einem kompetenten Schulunterricht und der Kritik an restaurativen Elementen der westdeutschen Geschichtskultur in den Nachkriegsjahrzehnten ergab, haftete jeder Beschäftigung mit den beiden Weltkriegen der Verdacht einer strikt abzulehnenden nationalistischen Gesinnung und also auch des Reaktionären an – und dieser Eindruck war ja keineswegs falsch. Die beiden Weltkriege verdienten, so dachte ich bis ins höhere Alter hinein, nur insofern die Aufmerksamkeit des Historikers, als sie das Ergebnis verfehlter Politik und einer aus den Besonderheiten der deutschen Geschichte zu erklärenden Militarisierung der Gesinnung bei den sogenannten politischen Eliten und einer beträchtlichen Mehrheit der Bevölkerung waren; und insofern sie ihrerseits wiederum fatale Weichenstellungen für die jeweilige Zukunft nach sich zogen. Auch lag es auf der Hand, dass Zweiter Weltkrieg und Holocaust zusammengehörten – wie eng und in welchen Begründungszusammenhängen genau, das haben mit wachsender Intensität und Präzision erst die Forschungen der letzten 40 Jahre zu Tage gebracht. Dass sich rund 30 Jahre nach dem Zweiten Weltkrieg eine neue, sozial- und kulturgeschichtlich ausgerichtete Kriegsgeschichtsschreibung zu formieren begann, lag für den Historiker in der Natur der Sache und musste, solange ich Lehrveranstaltungen zum 20. Jahrhundert anbot, auch rezipiert werden. Ein wirklich persönliches Interesse am Ersten und speziell am Zweiten Weltkrieg entstand jedoch erst, als mir klar wurde, wie eng die Biografie nicht nur des Großvaters, sondern auch die meines Vaters mit den beiden Weltkriegen verwoben war.

Der Hof im Rhythmus des Jahres

Der Baierhof („Boahof") verdankt seinen Namen der Lage nur circa 200 Meter östlich der deutsch-österreichischen Grenze. Ursprünglich war die baierisch-tiroler Landesgrenze in Längsrichtung mitten durch das Haus verlaufen, erst eine Grenzregulierung im Jahr 1844 klärte die Zugehörigkeit. Die Grenzlage war nicht ungewöhnlich, bei zwei Nachbarhöfen hatte sie dazu geführt, dass die Hofbauten selbst auf der deutschen, ein Teil der Grundstücke aber auf der österreichischen Seite lagen. Schrittweise besiedelt worden war das Reit im Winkler Tal mitsamt seinen Ortsteilen Oberbichl und Birnbach im Zuge des sogenannten zweiten inneren Landesausbaus zwischen 1050 und 1250. Reit ist ein Rodungsname, das Winkl setzten die Behörden angesichts der Häufigkeit des Ortsnamens schon früh als Unterscheidungsnachspann dazu. Der älteste Beleg für die Ansiedlung von Schwaigen (= Viehhöfen) stammt aus den Jahren 1216 bis 1220. Die Grundholden der „Herren" im Tiroler und Salzburger Land sowie in Bayern erhielten für ihre Rodungstätigkeit meist sechs Kühe gestellt. Im 14. Jahrhundert waren Grund und Boden weitgehend vergeben, danach wuchs die Bevölkerung vor allem durch Hofteilungen und die Schaffung von Kleinhäuslerstellen (den Sölden) bis etwa zum Jahr 1600. Durch Hofteilung scheint auch das Baier-Anwesen um 1600 entstanden zu sein. 1612 wird es erstmals mit ¼ Lehen erwähnt, hervorgegangen wohl aus dem älteren Nachbaranwesen Widhölzl. Der Hof gehört dem in der Region weitverbreiteten Mittelflurtypus an, mit gemauertem Erdgeschoss in Wohnhaus und Stall, das Ober- und Dachgeschoss mit Balkonen sind aus Balken gezimmert, ebenso die Tenne mit ihrem freiliegenden Dachstuhl. Die heutige bauliche

Gestalt stammt von einer durchgreifenden Renovierung 1870/71, die durch eine Inschrift am First nachgewiesen ist. Das Baier-Anwesen liegt auf der Kuppe einer langgestreckten Lößansammlung, die, von der jüngsten Eiszeit abgesetzt, sich am nördlichen Rand des Tals zwischen Reit und dem österreichischen Kössen hinzieht. Der Baier und die vier benachbarten, etwas tiefer gelegenen Höfe bilden den Ortsteil Oberbichl, zu dem man vom Ortszentrum rund zweieinhalb Kilometer und 80 Höhenmeter hinauf wandert.

Zum Hof gehörten 33 Tagwerk Grund, das entspricht einer landwirtschaftlichen Nutzfläche von knapp acht Hektar. Damit lag das Anwesen etwa im Durchschnitt der Hofgrößen des Dorfes Reit im Winkl, die allerdings weit gestaffelt waren, von wenigen Tagwerk Grund bis zu stattlichen Bauernhöfen mit 20 oder 30 Hektar Boden und manchmal noch einer Sägemühle dabei. Das Anwesen gehörte wirtschaftlich-sozialgeschichtlich gesehen, und bezogen auf die gesamtdeutsche Agrarstruktur, zur bäuerlichen Mittelschicht, wenn auch zur unteren. Das Hofgebäude selbst liegt am östlichen Rand der zugehörigen Flurstücke, abgesehen von der Leiten, die sich ein Stück weit am Weg zum Dorf hinzog. Der Name Leiten verweist auf die Abschüssigkcit dieser Wiese, sie war so steil, dass sie nur teilweise mit dem Heuwagen und schon gar nicht mit dem Traktor befahren werden konnte, umsäumt, wie viele andere Grundstücke auch, von einer Hecke aus Haselnussstauden, die im Zuge des Rationalisierungssogs Anfang der Fünfzigerjahre abgeholzt wurde. Nach Nordwesten hin schloss der Besitz mit einer ebenfalls sehr steil abfallenden Wiese ab, der Lochen, die mangels Sonne und wegen schlechter Erde und Steilheit nur teilweise gemäht werden konnte. Am Steilufer des Lederergrabens, des Baches, der den Besitz nach Norden begrenzte und einige 100 Meter weit die Grenze zu

Österreich markierte, hielten sich mühsam die Fichten eines kleinen Waldbestandes, der aber eine ernsthafte Bewirtschaftung nicht lohnte. Ursprünglich hatte zum Anwesen noch eine weit abgelegene Alm gehört, die der dem Suff verfallene Vorbesitzer als erstes abgestoßen hatte, bevor er den Hof selbst aufgeben musste.

Auf der anderen Seite des Tales gehörte zum Hof noch ein kleines Stück eines moorigen Geländes, der Mühlau.

Heuen in der Mühlau

Dort mussten an manchen sehr nassen Stellen vor den Rädern des Pferdefuhrwerks jeweils Bretter gelegt werden, damit der Wagen nicht versank, zumal das Pferd wegen der ununterbrochenen Angriffe der Stechmücken unruhig war und ausschlug. Durch das Gelände schlängelte sich ein ungewöhnlich tiefer, dabei klarer und eiskalter Bach, hie und da zu Gumpen erweitert, die ein paar Schwimmzüge ermöglichten – für die Kinder eine höchst willkommene Erfrischung bei der Heuarbeit. Das Gras war sauer und konnte nicht zum Füttern, sondern nur zum Einstreuen verwendet werden. Auch war der Transport, die Fahrt mit dem Pferdefuhrwerk quer durchs Tal und über den steilen Weg zum Hof hinauf, sehr mühsam. Sobald es den Bauern besser ging, gaben sie die harte und wenig ergiebige Bewirtschaftung der Mühlau auf und nahmen das Ablösungsangebot der Staatlichen Forstverwaltung an.

An den Höfen von Oberbichl und Birnbach hafteten neben dem eigentlichen Grundbesitz Rechte, die in den Jahren nach dem Krieg auch noch voll genutzt wurden. Der Baierhof zum Beispiel hatte Anspruch darauf, einige Kühe und Schafe auf die Freiweide zu treiben, der Allmende zwischen Lederergraben und dem steil ansteigenden Wald der Schwarzberge. Die Freiweide konnte von allen Genossen, insgesamt neun aus den Ortsteilen Birnbach und Oberbichl, genutzt werden. Jeder Bauer durfte sein Vieh dort hintreiben, allerdings gestaffelt nach Anteilsrechten. Der Boden war wenig fruchtbar, eine Lößansammlung aus der letzten Eiszeit, und eignete sich daher nur als Weideland. Die Freiweide ging zum Berg hin zunächst in einen schmalen Streifen Freiwald über. Am anschließenden Staatswald besaßen die Höfe das Laubrecht – das Recht, im Herbst das Laub der Buchen zusammenzurechen und für das Einstreuen der Ställe zu nutzen. Das war eine Arbeit, an der ich mich als Kind gern beteiligte. Zwar war der Anstieg zu unserem Laubrecht – wie abkürzend das entsprechende Waldstück selbst genannt wurde – hoch in den Bergen weit und mühsam, die Arbeit selbst aber leicht und angenehm. Die Herbstluft lag kühl über den Hängen und roch intensiv nach dem lockeren, trockenen Laub, das sich bergab leicht rechen ließ. Zusammengebunden in großen Netzen kam die Fracht dann hoch aufgetürmt und sorgfältig festgebunden auf die Hörnerschlitten, die allein sich für den Transport in unwegsamem Gelände eigneten. Auch hier lohnte der Arbeitsaufwand ab der Mitte der Fünfzigerjahre nicht mehr, sodass die Bauern auch das Laubrecht gegen eine kleine Summe ablösten.

Sehr viel mehr Wert hatten demgegenüber die Holzrechte – wiederum am Hof haftend –, anteilig sehr unterschiedliche Rechte auf das Schlagen und Verwerten von Holz aus den staatlichen Wäldern. Es gab Rechte auf Nutz- und Brennholz, beides für die bäuerliche Ökonomie unverzichtbar. Da die Bauern ihre Holzrechtanteile meist selbst bewirtschafteten, d.h. die Bäume schlugen, zu Tal brachten und an die Sägemühlen am Ort verkauften, konnten sie damit nennenswerte Gewinne erzielen. Einen kleineren Teil des Holzes brauchten sie für ihre damals noch weitgehend autarken Höfe und deren Baubedarf selbst. Das Brennholz war für die Selbstversorgung unverzichtbar, solange es Öl- oder Gasöfen auf dem Bauernhof noch nicht gab und das ganze Haus mit Herd und Kachel- und Kanonenöfen geheizt wurde. Beim Brennholz wurde unterschieden zwischen dem Hartholz – Buchenscheiten unterschiedlicher Länge – und Weichholz von Fichten und Tannen, von geringerem Brennwert, aber geeignet zum Anfeuern. Da unsere Baumeister die Holzarbeiten nicht selbst erledigten, sank die Gewinnspanne beträchtlich. Beim Holzrecht sah einer der Baumeister auch eine Chance, sein eigenes Einkommen durch betrügerische Manöver zu verbessern. Der Vater nutzte dann die Gelegenheit, als er bei den örtlichen Sägewerksbesitzern Erkundigungen einzog, seinen damals acht- oder neunjährigen Sohn mitzunehmen und so schon einmal mit der allgemeinen Tendenz der Welt bekannt zu machen, unvorsichtige Leute übers Ohr zu hauen.

Der Lebensrhythmus am Hof folgte mit seinen Arbeiten dem sprichwörtlichen Rhythmus der Jahreszeiten. Im Frühjahr galt es zunächst die Schäden zu beheben, die der Winter hinterlassen hatte. Im Zyklus der immer noch dominierenden Dreifelderwirtschaft brach der Pflug den Boden neu um, der im Jahr zuvor noch als Wiese gedient hatte oder bearbeitete neuerlich das schon mehrfach genutzte Kartoffelfeld. Auch wo Getreide gepflanzt werden sollte, wurde gepflügt, dann gesät und schließlich mit der Egge der aufgebrochene Boden wieder eingeebnet und der Samen unter die Erde gebracht. Die Kartoffeln wurden anfangs noch per Hand gesteckt. Auf manchen Feldern spross bereits im April die im Herbst ausgebrachte Wintersaat. Gelegentlich bauten die Bauern auch Hafer als Pferdefutter für den Eigenbedarf an.

Die meisten Flächen dienten aber der Viehwirtschaft, also der Ernte von Heu im Sommer und als Koppel oder Weide im Herbst. Auch die Wiesenflächen bedurften der Pflege. In den Jahren meiner Mitarbeit hieß es manches Mal: „Stoaklaubn!", also Steine aufsammeln, vor allem in der Nähe der Wege und Straßen. Nicht nur das gebückte Suchen und Aufheben, vor allem das Schleppen der gefüllten Eimer war mühevoll und bald auch schmerzhaft für den Rücken. Danach erst kam die Egge auch auf den Wiesen zum Einsatz, um Unebenheiten des Bodens, die der Winter mit der Schneebelastung und vor allem die Maulwürfe mit ihrem Wühlen erzeugt hatten, einzuebnen. Später kam der Mist auf die Wiesen, er musste erst aufgeladen und an Ort und Stelle mit einer Gabel verstreut werden. Der Draht der Zäune, im Herbst abgenommen und auf den Boden gelegt, damit er vom Schnee nicht belastet wurde, ausleierte und die Pfähle schief zog oder umbrach, wurde wieder aufgespannt – schwieriger, wenn es Stacheldraht, einfacher, wenn es der Draht für den neumodischen Elektrozaun war, den unser Baumeister als erster im Dorf vom Flachland her eingeführt hatte. Mancher morsch gewordene oder gebrochene Pfahl musste neu gesetzt werden; dafür galt es zunächst mit einem schweren eisernen Stößel ein Loch in den Boden zu treiben, dieses dann durch kreisförmiges Bewegen des Stößels zu erweitern, bevor der Stempen selbst gesetzt und dann mit einem schweren Vorschlaghammer tief in den Boden hineingetrieben wurde. In den frühen Jahren stellten die Bauern die Stempen selbst her, indem sie dünne Baumstämme im Abstand von 1,20 bis 1,60 Meter zersägten und dann zuspitzten. Das war eine Arbeit, die mir zusagte, viel mehr als das Einschlagen der Stempen selbst. Alles hing hier von der Schärfe der Axt ab, allerdings brauchte man Kraft in den Armen, denn die Axt musste mit einer Hand geführt werden, während die andere den Stempen schräg auf den Holzstock hielt.

Im Sommer hing alles vom Wetter ab. Es galt zu mähen, zu heuen und die Heuernte einzubringen, und da musste das Heu trocken sein. Kam es angefeuchtet in die Tenne, so bestand die Gefahr, dass es faulte, was in zweifacher Hinsicht gefährlich war: Es taugte nicht mehr als Futter und es konnte sich selbst entzünden. Wenn man in einem Haufen Heu, das nicht ganz trocken eingebracht worden war, etwas in die Tiefe grub, so spürte die Hand die zunehmende Hitze, die im Fäulnisprozess entstand. Daher war es entscheidend wichtig, mit der Mahd den richtigen Moment zu treffen. Ab Ende Mai war es so weit. In den Fünfzigerjahren spielte dabei die Wettervorhersage im Radio schon eine große Rolle. An einem sonnigen, frischen Morgen ging es auf mehreren Wiesen gleichzeitig los, ab fünf oder sechs Uhr früh. Gemäht wurde maschinell, aber damals noch nicht mit dem Traktor, sondern mit einer Maschine, die geführt wurde und sich durch das saftige, taufrische Gras fraß. Bei steinigen Wiesen hieß es dann abends, die Messer zu schleifen. Einzelne Hänge waren selbst für die pflugartig geführten Maschinen mit ihrem niedrigen Schwerpunkt zu steil. Dann trat in alter Weise die Sense in Funktion. Unauslöschlich haftet der frühe Morgen in meinem Gedächtnis, wenn ich vom Schulweg aus am oberen Ende der Leiten Bauer und Knecht, etwas versetzt hintereinandergehend, ihre Mahdspuren durch die Wiese ziehen sah. Lautlos sanken die Halme im Halbkreis vor den Arbeitenden hin. Wenn die messerscharfe Schneide auf einen Stein traf, gab es ein scharfes knirschendes Geräusch. Anschließend hörte man das gedämpfte, rhythmisch an- und abschwellende Kreischen beim Wetzen der Sense mit Hilfe des am Gürtel mitgeführten angefeuchteten Wetzsteins. Mit einem Grasbüschel wurde der Abrieb des Schleifsteins auf dem Sensenblatt abgewischt und das rhythmische, gleichmäßige Schwingen der Sense setzte wieder ein.

Manchmal meinten es Sonne und Luft gut mit der Ernte, dann trocknete das Heu, das zweimal gewendet worden war, in zwei oder drei Tagen und konnte anschließend eingefahren werden. Wenn nicht, so hieß es: „Zeilen!" oder: „Schebern!" Das leicht angetrocknete Heu wurde dann zu Zeilen zusammengerecht und bei drohendem längerem Regen wurden die Zeilen in Häufchen zerlegt, um zumindest einen Teil der Ernte trocken zu halten. Meinte es das Wetter schlecht, so fiel diese Arbeit mehrfach an, der Nährwert des Heus schwächte sich dabei jedes Mal ab. Bei vorhersehbar längerem Schlechtwetter kam das Heu auf die Heinzen – kreuzartige, etwa eineinhalb Meter hohe Stäbe, in die Quersparren eingeschoben waren, um die dann das Heu herumgewickelt wurde. Es war dann wenigstens vom nassen Boden weg und konnte notfalls auch mehrere Tage, manchmal auch Wochen schlechten Wetters überdauern. Freilich war das Aufbringen des Heus auf die Heinzen langwierig, die Heinzen mussten an- und wieder abgefahren und schließlich sorgfältig in der Tenne wieder eingeschlichtet werden.

So wichtig wie der Tag der Mahd war der Tag des Einfahrens. Man musste sehen, dass das trockene Heu rechtzeitig vor den an heißen Sommertagen häufig aufziehenden abendlichen Gewittern in der Tenne oder in einem der am Wiesenrand stehenden Heustadel untergebracht war. Dann wurden alle Kräfte mobilisiert, Männer, Frauen, Kinder arbeiteten auf dem Feld nach einer strengen Routine. Erst hieß es, wieder zu zeilen, dann schob der Bauer ein Stück der Zeile auf seiner großzackigen Heugabel zusammen und legte auf. Auf dem Heuwagen bewegte sich eine der Frauen oder ein Kind und verteilte das Heu sorgfältig und trat es nieder, so dass es nicht herunterfallen konnte, um Platz zu schaffen für weitere Gabelladungen. Auf einem gut aufgelegten Heuwagen türmte sich die Ernte bis zu drei oder vier Metern über dem Wagengestell auf, niedergedrückt und zusammengehalten durch den Heubaum, eine kräftige Stange von der Länge des Wagens, vorn und hinten leicht eingekerbt, sodass eine Seilschlinge darüber geworfen werden konnte, mit der die ganze Ladung nach unten gedrückt und verzurrt werden konnte. Das Treten war eine verantwortungsvolle Arbeit, es galt, möglichst viel Heu auf einem Wagen unterzubringen und die Ladung musste so stabil geschichtet sein, dass sie sich auf den langen Wegen zur Tenne nicht lockerte. Gefährlich waren die letzten Meter. Die Fuhre bog in einer sehr engen und schmalen Kurve zur steilen Tennenauffahrt ein. Das Pferd stemmte sich mit der schweren Last mächtig ein und stürmte vorwärts. Da konnte es schon einmal vorkommen, dass der Wagen in Schräglage geriet und umstürzte, kurz bevor der gefürchtete Gewitterregen losbrach. An solchen Tagen waren alle Hände gefragt. Sofort nach der Heimkehr von der Schule hieß es:

„Ab aufs Feld!" Die Bauernkinder erschienen an solchen Ernte-
tagen manchmal gar nicht erst im Klassenzimmer und lieferten
nachträglich ihre Entschuldigungen ab. Mit mir wurde selbstverständlich als Arbeitskraft gerechnet.

Früh übt sich (mit Schubkarren)

Das Mähen habe ich leider nie wirklich gelernt, auch nicht das
Wetzen und das abendliche Dengeln der Sensenblätter mit dem
Hammer, dafür war ich noch zu klein. Von früh an aber war ich
beim Heurechen in jeder seiner vielen Formen im Einsatz, auch
beim Schebern oder Heinzen, beim Führen des Pferdes, beim
Auflegen und schließlich beim Heutreten. Die Atmosphäre
solcher Tage bleibt unvergesslich: das angespannte Zusammen-
arbeiten, die wortlose Verständigung über das, was gerade zu tun
war, auch der ängstliche Blick zu den hinter dem Geigelstein
und dem Zahmen Kaiser rasch aufsteigenden und sich verfins-
ternden Gewitterwolken, die Hitze, schließlich das deutlich
vernehmbare Wetterläuten aus dem Tal. Meist wurde die Fuhre
tatsächlich unters Dach gebracht, vor den ersten Blitzen und

Donnerschlägen und den schweren Regentropfen. Manchmal reichte es aber auch nicht ganz, dann blieb der Heuwagen erst einmal aufgelegt in der Tenne stehen, bis er beim nächsten Schönwetter wieder hinausgefahren und das noch feuchte Heu wieder ausgebreitet, getrocknet und erneut eingebracht wurde.

Meist reichte es im Sommer zu zwei Ernten, wobei die zweite, das Krummet, deutlich spärlicher und unergiebiger ausfiel. Im Herbst dienten die meisten Wiesen als Koppel, auf die die Kühe, zurück von der Alm, zum Weiden hinausgetrieben wurden. Der Almabtrieb fiel Ende September/Anfang Oktober an und war ein freudiges Ereignis, das festlich begangen wurde – vorausgesetzt, auf der Alm war kein schweres Unglück passiert und es waren keine Kühe auf einer den steilen Wiesen abgestürzt. Senner oder Sennerin hatten Kränze mit bunten Bändern geflochten, die den Tieren um die Ohren gebunden wurden, oder es waren ihnen geweihartige Aufbauten auf den Kopf gesetzt worden, an denen wiederum, ähnlich wie am Palmbaum, bunte Bänder flatterten. So trottete der Zug unter lautem Glockengeläut über weite Wege heran. Wenn er, angeführt von einem Leiterwagen oder Pferdeschlitten, auf dem die Utensilien der Sennerin festgeschnallt waren, durchs Dorf kam, umschwärmten ihn die Kinder. Auf der heimischen Wiese angelangt wurde das Vieh freigelassen und begann sogleich zu grasen. Dabei wurde dann der Schmuck abgebunden und die Kinder eroberten aus der Hand des Bauern oder der Sennerin die prächtigen Gebinde. Die Älteren bekamen ein Glas Schnaps angeboten und standen redend herum. Oft fiel der Almabtrieb auf einen klaren, kühlen, sonnigen Herbsttag. Dann verschmolzen das Glockengedröhn, der Schmuck der Tiere, die helle würzige Luft und die Aufgeräumtheit der Menschen zum Eindruck eines ungewöhnlichen, freudigen, festlichen Tages.

Alsbald fiel auch die Obsternte an – der Apfel- und Birnbäume vor allem, der Spalierbäume mit Birnen, Zwetschgen – und das Auflesen der zahllosen kleinen harten, nur für das Schnapsbrennen geeigneten Holzbirnen von beiden großen Bäumen am Hof; schließlich auch, in späteren Jahren, das Ernten der Weintrauben einer robusten und allmählich wild die Balkone überwuchernden Rebe, die der Vater aus der Steiermark mitgebracht und an der südlichen Hauswand eingepflanzt hatte. Die Blumenkästen mit den Geranien wurden von den Balkonen genommen und zum Überwintern im Dachboden untergebracht. Leicht ging das Einsetzen der Winterfenster in die Fensterstöcke vonstatten, eine unbedingt notwendige Kältedämmung, die freilich nicht allzu genau fugte, und daher immer noch viel kalte Zugluft durchließ. Im Garten hieß es, die Johannisbeeren und, an der Stadelwand soweit zugänglich, die Holunderbeeren zu ernten. Die angesammelten Vorräte waren beträchtlich und reichten bis zum Ende des Winters. Der Garten war umzustechen, die Johannisbeerstauden wurden wegen des bevorstehenden Schneedrucks aufgebunden, der bewegliche Lattenzaun des Gartens abgebaut und in der Tenne gestapelt.

Ein großes Ereignis für die Kinder war dann noch das Einholen der Schafe und die Schafschur. Die fünf oder sechs Tiere waren im Frühjahr gemeinsam mit denen der Nachbarn freigelassen worden und hatten den Sommer freilaufend in den Bergen verbracht. Bei Wanderungen konnte man immer wieder einmal das helle Gebimmel ihrer Glocken hören, so dass die Bauern immer ungefähr wussten, wo sich die Herde aufhielt. Jetzt wurden die Tiere in einer gemeinsamen Aktion eingefangen, anhand der an den Ohren festgeklippten Marken identifiziert und geschoren. Sie dafür an den Beinen festzuhalten, verlangte Kraft und Geschicklichkeit, aber die sich auftürmende Schafwolle bot einen erfreulichen Anblick und lohnte die Mühe. Vereinzelt wurde in den Bauernstuben und -küchen noch gesponnen. Das Spinnrad gehörte noch zur üblichen Ausstattung und war noch nicht zum modischen Accessoire von schnieken Hotels geworden. Ich erinnere mich jedenfalls, in zwei Nachbarhöfen die jeweiligen Großmütter mit gebeugtem Rücken die Fäden an den Spinnrädern ziehen gesehen zu haben.

Von der Plage des Kartoffelerntens, dem Kartoffelklauben, blieb ich weitgehend verschont. In Erinnerung geblieben sind mir aber die Kartoffelfeuer, mit denen die getrockneten Stauden der Kartoffelpflanze verbrannt wurden. Unvergleichlich ist der Geschmack der in die noch glühende Asche eingelegten und gerösteten Kartoffeln, die mit einem kleinen Spieß aus dem niedergebrannten Feuer herausgelangt und verzehrt wurden. Eines der Kartoffelfelder war auf einem etwas moorigen, feuchten Grundstück angelegt worden, dort warf der Pflug große glatte Schollen auf, die in der Sonne mattdunkel glänzten. Von der Getreideernte bekam ich nicht viel mit, nur das Dreschen bot ein eindrucksvolles Schauspiel. In den Dreißigerjahren hatten einige Höfe auf genossenschaftlicher Basis eine gemeinsame Dreschmaschine angeschafft, die in der Tenne des Baierhofs stand. Die Maschine, ein großer rot angestrichener Kasten von etwa zwei mal dreieinhalb Metern Umfang, trennte das Korn vom Halm. Die Garben wurden in den Kasten eingefüllt, ein laut dröhnender Schüttelmechanismus trennte Halm und Korn und warf sie nach entgegengesetzten Seiten aus. Das Gerät stand auf kleinen Rädern und konnte mit dem Pferdefuhrwerk und später mit dem Traktor bei Bedarf von einem Hof zum andern bewegt werden.

Angetrieben wurde die Dreschmaschine durch einen kleinen, auf einem Holzgestell montierten tragbaren Elektromotor mit Treibriemen. Er fand Verwendung auch für das Antreiben der Kreissäge zum Schneiden des Brennholzes und für den Betrieb der Pumpe, die die Gülle aufs Feld beförderte. Der Motor, wie es kurz hieß, ging im Gegensatz zu den meisten Geräten nie kaputt. Wahrscheinlich liegt es daran, dass ich mit dem leisen, sich aber rasch zum Dröhnen steigernden Geräusch beim Anlassen ein instinktives Gefühl von Verlässlichkeit verbinde. Die Technisierung war auf den Höfen schon seit den Zwanzigerjahren angekommen, erlebte dann aber einen neuen Aufschwung in der Mitte der Fünfzigerjahre. Die wichtigste Neuerung war der Traktor, der das Pferd nicht einfach ersetzte, weil es zumindest noch ein paar Jahre lang für den Weg auf die Alm, für das winterliche Holzfahren und für die Heuernte auf steilen Wiesen unverzichtbar blieb. Aber es machte schon einen gewaltigen Unterschied, ob das Heu mit Pferd und Leiterwagen oder mit dem Traktor und einem der mechanisierten Wagen eingebracht werden konnte, die heute in Kombination mit der Heuwendefunktion das Heu selbst teilen und dann aufladen. Der Traktor machte jetzt alles, an ihn hängte man die Egge und den Wender an. Nur so blieben einzelne größere Höfe mit der immer seltener gelingenden familiären Hoferbfolge in Zeiten wachsender Marktabhängigkeit und geringerer Selbstversorgung, weiträumiger Konkurrenz, Landflucht, und damit auch Verteuerung der Arbeit, überlebensfähig. Reine Bauernwirtschaften waren aber schon Ende der Fünfzigerjahre die Ausnahme. Auf vielen Höfen entwickelte sich der Nebenerwerb durch Fremdenverkehr zum Haupterwerbszweig. Demgemäß verschwand das Pferd allmählich aus der Landschaft. Bis zum Beginn des Traktorenzeitalters gehörten die um das Haus herum auf einer abgetrennten Koppel oder auf der Freiweide grasenden

Pferde unabdingbar zum bäuerlichen Leben. Wie sie behandelt wurden, sagte viel über den Halter und Nutzer aus. Ein starkes und schönes Ross hob auch das Ansehen des Hofes. Der Kauf eines neuen Pferdes war eine bedeutsame Geschäftstransaktion. Anfang der Fünfzigerjahre musste auf dem Baierhof ein neues Pferd angeschafft werde. Wir, d.h. mein Vater, der Baumeister und ich, fuhren im Auto des Vaters weit herum bis ins Flachland hinaus auf der Suche nach dem besten Angebot. Natürlich prüften die Männer das Gebiss, es kam aber auch auf die Kruppe und die Fesseln an, das Pferd sollte nicht zu lang, aber auch nicht zu gedrungen sein. Als der neue Einkauf dann ankam, vorgeführt wurde und vor dem Haus mit dem charakteristischen Rupfgeräusch zu grasen begann, erfüllte mich die freudige Überzeugung, dies sei das stärkste und schönste Pferd weit und breit. Nachts befiel das Pferd in seinem gesonderten Stallabteil gelegentlich eine Unruhe, dann war das dumpfe Stampfen eines Hufes auf dem Bohlenboden im ganzen Haus zu hören. Brutal und befremdlich schien mir, wie die Hufeisen am Fuß aufgebracht wurden. Ich war nur einmal dabei, meist genügte es, einen Nagel neu einzuschlagen und das machte man auf den Höfen selbst. Das erste Aufbringen allerdings musste der Fachmann, der Schmied, übernehmen.

Zu den winterlichen Abenteuern gehörte ein paar Jahre lang das Stehlen des Christbaums kurz vor Weihnachten. Solange die Bauernwirtschaft im Haus betrieben wurde, gehörte es zu den Aufgaben des Baumeisters, einen stattlichen Baum herbeizuschaffen. Der hatte dann seinen Platz im oberen Flur, in der Ecke zwischen der Schlafzimmertür der Großmutter und dem in den Flur vorragenden Kamin. Er wurde auf den Boden gestellt und hatte bis zur Decke zu reichen, also stattliche 2,20 Meter hoch zu sein. Woher der Baum in diesen ersten Jahren kam, wusste ich nicht und fragte auch nicht danach. Nach dem Ende der Bauernwirtschaft 1955 kaufte zunächst der Vater die Bäume. Als ich 14 oder 15 wurde, lehnte ich im Einklang mit der Ethik der bäuerlichen Nachbarn, die ich über meinen Freund Ernst aufsog, den käuflichen Erwerb eines Christbaums ab. Zwar hätte der zum Hof gehörige eigene kleine Wald am Lederergraben genügend passende Bäume hergegeben, aber an den eigenen Besitz zu gehen, kam nicht in Frage. So machte ich mich um den 20. Dezember herum mit meinem Freund Ernst und ausgerüstet mit Axt und kleiner Säge auf den Weg zum nahen Peternwald, einem für die Verhältnisse Reit im Winkls großen Privatwald des ersten Nachbarhofs (mit angeschlossener Gastwirtschaft) auf der Tiroler Seite – des Peternhofs.

Der Weg dahin war kurz, allerdings manchmal beschwerlich, denn es war die Zeit kalter und schneereicher Winter. Meist nahmen wir die Skier zu Hilfe, auch wenn sie im Wald selbst eher störten, wo der Schnee unregelmäßig und fest lag, auch die Skier sich leicht in den herumliegenden, vom Schnee verdeckten Ästen verhakten.

Skispur am Peternwald mit Wildem und Zahmem Kaiser

Ob es günstig war, die Zeit der Dämmerung zu wählen, scheint mir heute eher fraglich, denn genau um diese Tageszeit sah man vereinzelte Dörfler mit weit über den Kopf gezogener Kapuze und – wohl wegen der mitgeführten Säge oder der Beute – eng an den Körper gepressten Armen auffällig unauffällig auf den Wald zu- oder wieder von ihm wegstreben. Das wusste natürlich auch der junge Peternbauer, der Hoferbe, etwas älter als ich und ein kräftiger Kerl, der genau um diese Zeit durch seinen Wald zu streifen pflegte. Ich kann nicht sagen, dass es mir ebenso wie meinem Freund Ernst auf unserem Weg nicht bang gewesen wäre. Denn außer auf den Peternbauern hatten wir noch auf die Grenzer zu achten, die damals gerade um diese Jahres- und Tageszeit noch öfter um die Wege waren, bevor die grüne Grenze angesichts der freundnachbarschaftlichen deutsch-österreichischen Beziehungen, des Drucks der Fremdenverkehrsinteressen auf beiden Seiten und der allmählichen Angleichung der Preise für die klassischen Schmuggelwaren Zigaretten und Alkohol (schon lange vor der offiziellen Öffnung auf den Wanderwegen zwischen Reit im Winkl und Kössen) weitgehend durchlässig wurde. Manchmal mussten wir ziemlich lange suchen, denn systematische Aufforstung gab es in dem Wald nicht und zwei nahe beieinanderstehende Fichten (oder gar Tannen) in der gewünschten Größe sind in einem durchschnittlichen Nadelwald gar nicht so leicht zu finden. Es blieb uns dann nichts anderes übrig, als auf eine noch junge, aber schon höhergewachsene Fichte zu klettern und deren Wipfel abzusägen. Gewiss tat es uns dann leid um den schönen Baum, aber drängender war doch die Sorge, dass die Säge in der vollkommenen Stille zwischen den tief verschneiten Baumriesen vielleicht doch weit zu hören sein könnte, dass plötzlich in der Nähe ein Ast unter einem Grenzerschuh knacken oder dass unversehens ein

Menschenumriss im Halbdunkel der hohen Bäume auftauchen könnte. Es ist uns aber immer gelungen, unsere Beute zusammen mit einigen kräftigen, vom Boden aufgehobenen oder abgesägten Ästen für die weihnachtliche Dekoration ungesehen nach Hause zu bringen. Die Erregung des Raubzugs legte sich bald, sie war wohl nicht nur auf die Überschreitung von Grenzen (des Staates und des fremden Eigentums) zurückzuführen, sondern auch, und in Kombination damit, auf das Erlebnis des halbnächtlichen Winterwalds – mit den unter der Last des eisigen Schnees tief heruntergebogenen Ästen, von denen der ein oder andere, wenn man ihn streifte, plötzlich hochschnellte – und der Wucht seiner Stille. Weniger unheimlich war es mir, wenn der Wind in den Zweigen rauschte und von Ästen, die er besonders schüttelte, eine Fontäne von Schnee herunterstob. Da war man damit beschäftigt, aufzupassen, auszuweichen, die Gesichtshaut oder die kalten Hände in den Fäustlingen wieder warmzureiben – und war so der bedrohlichen Wucht der absoluten Stille weniger ausgesetzt.

Der Winter kam in den Vierziger- und Fünfzigerjahren früh und heftig. Ab Mitte Oktober kündigte er sich mit einzelnen Schneefällen und großer Kälte an. Ich erinnere mich an Oktobertage noch in den frühen Sechzigern, an denen die Wolkendecke am frühen Morgen aufriss und die Sonne aus einem hellblauen Himmel auf eine Landschaft herabstrahlte, in der sich Herbst und Winter seltsam mischten. An den Bäumen leuchtete unter einer Kruste von Schnee noch das bunte Herbstlaub hervor, und wenn ich dann für ein paar Stunden einen Almweg zu einem Waldrand hinaufwanderte, von dem der Blick rundum zu den verschneiten Felswänden der Loferer und Leoganger Steinberge, des Wilden und Zahmen Kaisers und, in großer Ferne, des Großglockners reichte, hatte ich mühsam

Der Hof im Winter

Schritt für Schritt durch den über Nacht gefallenen Schnee zu setzen. An manchem 10. November, meinem Geburtstag, musste ich im Schweiße meines Angesichts die Wiese vor dem Haus freiräumen, um Platz zu machen für das unerlässliche, wenn auch arg beengte Fußballspiel mit der Horde der eingeladenen Mitschüler.

Im Januar und Februar schneite es oft so heftig, dass Schneehöhen von ein bis eineinhalb Metern nicht ungewöhnlich waren. Besonders während der Woche, wenn der Vater in München weilte und Bauer und Knecht beim Holzfahren fern vom Hof beschäftigt waren, fiel mir die Aufgabe des Schneeschaufelns zu – später, als die Bauernwirtschaft aufgegeben war, ohnehin. Aber da fuhr dann schon gelegentlich der gemeindliche Schneepflug vor dem Haus entlang und erleichterte mir die Arbeit. Zeitweise türmte sich der weggeschobene und -geschaufelte Schnee rund ums Haus 2 bis 2 ½ Meter hoch auf. Anfangs war mir die schwere Arbeit verhasst, später, als ich gewachsen war und mir eine passende Wurftechnik zugelegt hatte, machte sie mir sogar Spaß. Es kam vor, dass aus den Fenstern heraus nichts anderes zu sehen war als die aufgetürmten Schneemauern. Bedrohlich waren solche Schneemassen für das altehrwürdige Schindeldach des Bauernhofes. Vor allem in Warmwetterphasen und Anfang März, wenn die Sonne aufs Dach zu brennen begann und wenn sich an den Berghängen fester Firnschnee bildete, konnte die Schneelast für alte und angemorschte Schindeln und Dachsparren zu schwer werden und ganze Dachpartien eindrücken. Dann hieß es, so viel Schnee vom Dach herunter zu befördern wie möglich. Mich hielt man von dieser Arbeit als zu gefährlich fern. Tatsächlich stürzte eines Tages der Knecht Louis, als er sich weit an den Dachrand vorgewagt hatte, tief hinunter. Louis war ein Eigenbrötler, den wir eigentlich kaum kannten. Er war

Pferdeschlitten mit Baumeisterfamilie, hinten die Mutter

Zeitungslektüre auf der Westseite im März

Anfang der Fünfzigerjahre an einem Herbstnachmittag plötzlich aufgetaucht – ich erinnere mich genau, wie er unser Pferd, das gerade beim Weiden durch eine Zaunlücke auf die Nachbarwiese geraten war, vor sich her wieder an seinen Platz trieb, einen leichten Haselnussstecken in der Hand. Er fragte, ob es Arbeit für ihn gebe – und es war Arbeit da. Er hauste separiert in einem kleinen, provisorisch in die Tenne hineingebauten Zimmer, das im Winter sehr kalt gewesen sein muss, und hatte mit uns so gut wie keinen und mit der Bauersfamilie nur durch die Arbeit Kontakt, schien aber mit diesem Leben zufrieden zu sein – bis zu seinem Sturz vom Dach. Zwar fiel er weich in den zuvor heruntergeräumten Schnee und blieb unverletzt, muss aber in seiner Selbstachtung so erschüttert gewesen sein, dass er den Hof am nächsten Tag sang- und klanglos verließ.

Neben den Schneemassen dieser Jahre war es die Kälte, die uns arg zusetzte. Die alt überlieferte Bauweise der Höfe – die Wände des Erdgeschosses aus Flusssteinen, die Ecken mit Stroh und Schilf verstopft, hochgezogen und mit Mörtel stabilisiert und verputzt – dämmte die Kälte von außen nur marginal. Umso wichtiger war es, dass die Öfen funktionierten. Unsere Wohnstube, in der sich an kalten Tagen alles Leben abspielte, wurde durch einen wenig effizienten Kachelofen gewärmt, der durch das Öffnen einer Klappe vom Küchenherd aus beheizt wurde. An den kältesten Tagen rückten wir den Esstisch von seinem angestammten, aber klammen Platz im Herrgottswinkel, der äußersten Stubenecke zwischen zugigen Fenstern und kälte-stauenden Außenmauern, ganz nahe an den Kachelofen, wo es nach entsprechender Holz- und Brikettnachfuhr im Küchen-herd doch erträglich warm wurde.

Manchmal kam es vor, dass der Hof und seine unmittelbaren Nachbarn, der Rott- und der Widhölzl- sowie der Kronbichler-hof, ganz eingeschneit und vom Ort abgeschnitten waren. Der Weg war schmal und unasphaltiert, hatte starke Steigungen und enge Kurven, und an einer Stelle unterhalb des Kronbichler hatte er sich im Laufe der Jahrhunderte so tief zwischen den Fel-dern und Hecken eingeschnitten, dass auch der allmählich auf-kommende Unimog-Schneepflug nicht durchkam. Dann musste erst einmal Kontakt zwischen den Höfen hergestellt werden (Telefon gab es noch nicht), danach trat erst einer der Bauern, an den Füßen die Wehrmacht-Winterstiefel mit dem kniehohen Filzschaft, eine Spur durch den Tiefschnee und man tat sich zusammen, um in gemeinschaftlicher Arbeit, die einen halben oder ganzen Tag dauern konnte, die „Gassn" freizuschaufeln. Das war härteste Schufterei, denn die Böschung, über die der

Wohnstube mit Kachelofen

Schnee geworfen werden musste, konnte drei oder vier Meter
hoch sein. In den späten Fünfzigerjahren wurde der Weg dann
aufgeschüttet und die asphaltierte Straße schließlich so hoch
gelegt, dass ein wirklicher Engpass nicht mehr entstehen konnte.

Das Freischaufeln machte allerdings erst Sinn, wenn
Schneefall und Schneetreiben zu Ende waren, und das konnte
Tage dauern. Oft kamen solche Extremfälle nicht vor, aber häu-
fig genug, dass mir das Bild von gemeinschaftlich arbeitenden
Männern, die den Zugang zum Ort wieder öffneten, deutlich
vor Augen steht.

Immer schon war es üblich, die Wegführung durch etwa
drei Meter lange Holzstecken zu kennzeichnen, die vorsorglich
im Herbst links und rechts des Wegrandes eingerammt wurden.
Bei starkem Schneetreiben und danach, wenn sich der Neuschnee in 50 oder 60 Zentimetern Höhe über Wege und Wiesen,
Abhänge und Flachstrecken gelegt hatte und die Strukturen des

Bodens darunter vor allem bei dann mitunter hell blendendem morgendlichen Sonnenlicht und im diffusen, alle Konturen verwischenden Grau der Abenddämmerung verdeckt waren, boten diese Stecken hilfreiche Orientierung für viele: für die ersten Wanderer – häufig meine Schwester Christine und ich –, die noch bei tiefer Dunkelheit zwischen sechs und sieben Uhr früh, ihre Spur durch den unberührten Neuschnee zogen; allenfalls war manchmal der Frohwieserbauer auf dem Weg zur Arbeit im Sägewerk oder beim Forstamt schon vor uns unterwegs gewesen; für die kleineren Kinder auf dem Weg zur Volksschule, deren Unterricht um acht Uhr begann und die nicht schon um 6.50 Uhr den Schulbus zur Oberrealschule in Marquartstein besteigen mussten; für die Pferdeschlitten der Bauern – und natürlich später, seit Beginn der Sechzigerjahre, für die jetzt regelmäßig verkehrenden Schneepflüge, in deren Gefolge auch Autos die Straße benutzen konnten, wenn auch nicht ohne Risiko.

Das Dorf und seine Ordnung

In den unmittelbaren Nachkriegsjahren, als ich anfing, mit meiner Umwelt Bekanntschaft zu schließen, lag das Dorf nicht mehr unberührt von der Moderne in seiner Talmulde. Anfänge des Tourismus, der den Ort zunehmend beherrschte, gehen bis in die 1860er-Jahre zurück. Auf seiner fünfwöchigen „Königsreise" von Lindau nach Berchtesgaden machte Maximilian II. im Sommer 1858 auch in Reit Station, begleitet von einigen seiner vielzitierten Nordlichter, darunter dem Theatermann Friedrich von Bodenstedt sowie dem Schriftsteller Franz von Kobell, die Lage und Ursprünglichkeit des Ortes priesen. Der Heimatkundeunterricht belehrte die acht- bis zehnjährigen Schüler auch über den Dichter Viktor von Scheffel, der 1860 in einem seiner damals bekanntesten Gedichte, dem Aventiurenlied „Reutti im Winkl" dessen landschaftliche Schönheit besang. Nicht im Unterricht kam der wichtigste der Lobredner vor, der Alpenforscher und Reiseschriftsteller Dr. Eduard von Amthor aus Gera, der seine Sommerurlaube von 1871 bis 1873 in Reit verbrachte und der in der von ihm gegründeten frühesten Zeitschrift ihrer Art, Der Alpenfreund, mehrfach über den Ort berichtete. Seit 1876 erleichterte eine regelmäßige Postverbindung Übersee – Reit im Winkl den Zugang zum Ort von Deutschland her grundlegend, so dass von jetzt an auch einzelne Münchner Professoren, wie der Physiker Planck mit Frau und Sohn Max, hier ihre Sommerfrische verbrachten. In den 1920er-Jahren begannen die ersten Wellen des Massentourismus einzelne Dörfer am Alpenrand zu erfassen. Seit Beginn der 1920er-Jahre lenkte Carl Degener von seinem Büro in Berlin aus die ersten eigenen Urlauberzüge direkt von Berlin in das von Reit im Winkl nur 25 Kilometer entfernte Ruhpolding.

Seit 1923 ermöglichte eine einspurige Stichbahn die Weiterfahrt nach Reit. Sie diente ursprünglich nicht dem Personenverkehr, sondern war – nachdem sich Sägewerksbesitzer schon vor 1914 für den Bau einer Eisenbahn starkgemacht hatten – im Gefolge eines verheerenden Föhnsturms im Januar 1919 angelegt worden, um die Unmengen an entwurzelten oder geknickten Bäumen zu den Salzsiedereien in Traunstein verfrachten zu können. Dort wurde die von Berchtesgaden und Bad Reichenhall in Holzröhren hergeleitete Salzsole durch Erhitzen und Verdampfenlassen zu Festsalz verarbeitet und dann weitertransportiert. Es ist freilich eine für das regionale Arbeitsplatzangebot in Reit fatale Ironie der regionalen Wirtschaftsgeschichte, dass das Salzsieden in Traunstein genau zu der Zeit eingestellt wurde, als der Holztransport aus dem Dorf so sehr erleichtert und verbilligt werden konnte. Dass der Ort Reit im Winkl mit seinen 2.500 Einwohnern noch in meiner Kinderzeit über zahlreiche gutgehende, wenn auch kleine Sägewerke verfügte, erklärt sich nicht zuletzt aus der durch den Traunsteiner Holzbedarf geförderten intensiven Waldwirtschaft. Die Bahnstrecke Ruhpolding – Reit im Winkl musste allerdings schon 1931 wieder aufgegeben werden, nachdem ein Unwetter Teile des exponiert an Bergen und Seen entlangführenden Bahndamms weggespült hatte. Man konnte den Ort jetzt aber von München und von der Bahnstation Prien am Chiemsee mit dem Omnibus über eine, ab Marquartstein allerdings enge und steile Straße erreichen, die im Winter durchaus ihre Tücken hatte.

Im August 1926 landete erstmals ein kleines Flugzeug auf einer ebenen Wiese im Talgrund. Von 1932 bis 1939 wurden von dort aus Rundflüge über die Gegend mit ihrem eindrucksvollen Gebirgspanorama angeboten. 1937 setzte der weltberühmte amerikanische Ozean-Alleinüberflieger von 1927 und Nazi-sympathisant Charles Lindbergh auf dieser Wiese auf und nahm den Reit im Winkler Fremdenverkehrspromotor Linner, meinen späteren Volksschullehrer, auf einen Rundflug mit, was dieser ebenso gern erzählte wie die „Heldengeschichte" vom letzten Gefecht vor dem Ort am 5. Mai 1945.

Übrigens hatte mein Großvater einen gewissen Anteil am Aufschwung des zukunftsträchtigen Tourismus in der Region. In seiner Eigenschaft als Geschäftsführendes Präsidialmitglied des Deutschen Industrie- und Handelstages koordinierte er in den letzten Jahren der Weimarer Republik die verschiedenen Aktivitäten zur Förderung des Fremdenverkehrs im Reich und saß einem von der Regierung Brüning eingesetzten Haupt-ausschuss für Fremdenverkehr und dem Bund der deutschen Verkehrsverbände vor. Nachdem er 1932 den Baierhof gekauft hatte, organisierte er sogleich im Januar 1933 eine große Frem-denverkehrstagung in Reit im Winkl, deren Teilnehmer den Ort wegen des heftigen Schneefalls nur mit Mühe erreichen konnten. An seiner Ansprache über „Fremdenverkehrsförderung als Dienst an Land und Heimat" stört den heutigen Leser die nationale Emphase, mit der der Tourismus als probates Mittel zur Überwindung der Fremdheit der Deutschen untereinander und gegen das „Übermaß snobistisch-modischen Auslands-fexentums" gepriesen wird – allerdings nicht ohne einen Hin-weis auf das „oft unerfreuliche Auftreten von Deutschen im Ausland". Bei der Entfaltung und Pflege des Fremdenverkehrs gehe es immer auch um die Entfaltung und Pflege sowie um die Selbstverwirklichung und Selbstdarstellung der Nation. Andere Teile seiner Rede würde man heute unter die Überschrift „Wirt-schaftsförderung für eine strukturschwache Region" setzen, für die damals in den klein- und mittelbäuerlich geprägten Dörfern des Alpenrandes großer Bedarf bestand. Zeitentsprechend warf er auch den Heimatschutz in die Debatte, der gewollt oder ungewollt dem Fremdenverkehr diene. Er sah aber das Dilemma voraus, dass all das, was ein wohlverstandener Heimatschutz bewahren wollte, dem Fremdenverkehr auf Dauer unweigerlich zum Opfer fallen würde. Wirtschaftlicher Gewinn werde dann mit dem „Verlust wertvollster Kulturgüter" erkauft. Das gelte aber nur bei „falsch verstandener und zweckwidriger Fremdenverkehrsförderung [...], wo Hanswürste und Hausknechte des Fremdenverkehrs walten".

Nach den ersten Anfängen in den Zwanzigerjahren blühte der Massentourismus im „Dritten Reich" förmlich auf. Die Zahl der Übernachtungen schnellte von 6.000 (1924/25) auf 50.500 (1934/35) und 190.000 (1937/38) hoch. Dieser Wert wurde erst 1952/53 wieder erreicht, wobei die Zahlen nach einem deutlichen Absinken infolge des „Anschlusses" Österreichs, der den Aufenthalt dort stark verbilligte, bis tief in den Zweiten Weltkrieg hinein (1944) erstaunlich konstant blieben. Einen wesentlichen Beitrag zu dieser Konjunktur leistete bis 1939 das NS-Programm „Kraft durch Freude", dessen Anteil an der Gästezahl im Sommer 1938 ganze 31 % betrug. Die Gastronomie freute sich nicht durchweg darüber, sie unterschied gern zwischen KdF-Gästen und „guten" Gästen – nicht etwa aus politischen, sondern aus finanziellen Gründen. Immerhin profitierte die Gemeindekasse in diesen Jahren enorm, was der touristischen und sportlichen Infrastruktur zugutekam.

Man kann nicht sagen, dass die Gemeinde – und die zuständige Aufsichtsbehörde im Landratsamt Traunstein der Warnung des Großvaters immer gefolgt wäre, so wenig wie alle anderen Dörfer am Alpenrand. Es hätte auch größter Weitsicht und außergewöhnlicher Energie bedurft, es anders zu machen. Wohin diese Entwicklung führen sollte, hat der Großvater allerdings nicht vorhergesehen. Als ich überlegte, wie es nach dem Tod des Vaters 1977 mit dem Hof weitergehen sollte, der sich – abgesehen von ein paar Änderungen im Inneren und der Ersetzung der alten Lärchenschindeln durch die inzwischen übliche Dachpappe – noch ganz in seinem ursprünglichen Zustand befand, bekam ich im Rathaus zu hören, das Haus sei eine alte Hütte, die gar nicht zum sonstigen gepflegten Zustand des Ortes passe – „der Schandfleck muss weg". Nur wenige Tage später rief allerdings einer meiner ehemaligen Schulkameraden und jetziger Gemeindesekretär an und bat um die Überlassung von Werkzeugen, einen Pflug und eine große hölzerne Heugabel für das zu gründende Heimatmuseum. Schon sehr viel weiter war in dieser Zeit die folkloristische Unterhaltungsindustrie: Eines Tages erschien die republikweit bekannte Ikone der Volksmusik, Maria Hellwig, die im Dorf ein Lokal mit dem Namen Kuhstall betrieb und deren Tochter und Mitjodlerin Margot zu meinen Mitschülerinnen gehört hatte, um auf dem Balkon des Boarhofs vor dem Hintergrund des Wilden Kaisers für Werbeaufnahmen und das Cover ihres neuesten Albums zu posieren.

In den ersten Jahren nach dem Krieg zählte der Ort knapp 2.500 Einwohner. Im Ortszentrum konzentrierten sich die drei Gasthöfe: der Oberwirt (oberhalb der Kirche), der Unterwirt (unterhalb der Kirche) und der Gasthof zum Löwen – zwischen denen es ein deutliches hierarchisches Gefälle gab. Zeitweise schob sich der Unterwirt vor den Oberwirt, gleich blieb aber die Abgrenzung nach unten: Kleinbauern, Häusler und Tagelöhner, Knechte und sonstige – ausschließlich männliche – Arbeitskräfte verkehrten nur im Löwen. Der Oberwirt verfügte über einen großen Saal, in dem die – seltenen – großen Bauernhochzeiten stattfanden, die sich über mehrere Tage hinziehen konnten, aber auch Wahlveranstaltungen der CSU und das

Dorfzentrum mit Kirche zwischen Unter- und Oberwirt

wichtigste Faschingsfest am Ort, der Sängerball des Männergesangsvereins, dann aber zunehmend auch die offiziellen touristischen Veranstaltungen der Gemeinde, die sogenannten Heimatabende, mit Ansprache des Bürgermeisters, Volkstanz in den Trachten, Schuhplatteln, Auftritten des Männergesangsvereins und der örtlichen Blaskapelle – der ganze dubiose Folklorezauber, wie er den Touristen, vor allem den Gruppenreisenden, überall auf der Welt vorgeführt wird.

An die großen Gasthöfe lagerten sich die Geschäfte für die Grundversorgung an, zum Teil noch in Gehöften, deren zur Ortsmitte zeigende Wohntrakte umgebaut worden waren, zum Teil aber auch in größeren, drei- oder vierstöckigen Häusern, wie sie in den vom Fremdenverkehr erfassten Orten seit Beginn des Jahrhunderts entstanden waren. Hier waren dann auch die zwei Bäckereien des Dorfs untergebracht, ein Textilgeschäft mit Schneiderei, zwei Drogerie- und mehrere Lebensmittelgeschäfte. Zwei der drei Metzgereien gehörten zu den großen Gasthäusern.

Nahe dem etwas abschüssigen Vorplatz der Kirche bildete eine platzartige Erweiterung das eigentliche Ortszentrum zwischen dem Postgebäude von 1936 mit Freskenbemalung in einem nicht unattraktiven Heimatstil und dem Gemeindehaus. In der Platzmitte sprudelte und sprudelt auch heute noch Wasser aus einer Holzsäule in einen stattlichen Brunnentrog. Auf der Säule holt ein vom örtlichen Bildhauer Paul Seibold geschaffener Holzhacker (1937) damals wie heute schwungvoll und knorrig mit dem Beil aus. In dem weiten Tal verteilten sich in ein bis zwei Kilometer vom Dorfkern aus kleinere und relativ selbstständige Ortsteile, zum Teil mit eigenen Gasthöfen und dem einen oder

Platz vor dem Gemeindehaus, Winter 1960

anderen Geschäft. Sie tragen anschauliche Namen wie Entfelden (am Taleingang), Groissenbach (nahe dem Flüsschen Lofer), Blindau (am sonnenarmen Nordabhang der südlichen Bergkette), Unter- und Oberbichl (auf einer Hügelwelle im Westen, mit dem Boarhof an der höchsten Stelle) und dem nahegelegenen Birnbach. Außerdem gibt es eine Reihe von größeren Einzelhöfen, meist majestätisch inmitten ihrer Felder und erhoben über dem Talgrund gelegen.

Seit den frühen 1950er-Jahren begann das unaufhörliche Wachstum, der Ausbau und – unter konservativ-ästhetischen Gesichtspunkten – die Zerstörung des Dorfs. Neue Lokale, Bars, Weinstuben, Tanzlokale, Skigeschäfte und Souvenirläden wurden in die alten Häuser hineingezwängt oder, sofern noch Platz war, neu errichtet. Die Bauern außerhalb des Ortskerns bauten ihre Dachböden und Zuhäuser aus, die bis dahin als Geräte- und Materialschuppen oder als Austragsstübchen für die Alten gedient hatten. Sie stockten auf und gingen dann bei wachsendem Wohlstand und der Reduzierung oder völligen Aufgabe der Landwirtschaft daran, in Hofnähe neue Häuser für ihre Kinder zu errichten oder wenigstens Grund und Boden bereitzustellen, bis diese geheiratet hatten und sich selbständig machten. Das Schmuckbedürfnis war in der Alpenregion seit jeher groß gewesen und hatte ansehnliche, gut proportionierte und die Eigenheiten der Materialien Stein und Holz geschickt nutzende Hoftypen hervorgebracht. Jetzt ergoss es sich meist in dubiose Lüftlmalerei und Graffitomuster an den Mauern der oberen Stockwerke, in kunstvoll, aber geschmacklos gedrechselte Balkongeländer und Gartenzäune. Schmiedeeiserne Türen und Zäune demonstrierten neuen Wohlstand. Das Tal wurde zersiedelt, aber nicht hemmungslos. Das Dorf wuchs um die alten Siedlungskerne herum und an den alten Straßen und Wegen entlang. Baugrund stand, nachdem die Bauern ihre Landwirtschaft ganz oder teilweise aufgegeben hatten, reichlich zur Verfügung. Aber nur wer an Ort und Stelle seinen Wohnsitz hatte, durfte außerhalb der um das Dorf zentrierten Bebauungslinie auf dem geerbten Grund und Boden neu bauen – Sonderfälle natürlich immer ausgenommen. Seit den späten Fünfzigerjahren erwies es sich als unumgänglich, die touristische Infrastruktur auszubauen. Das alte Freibad wurde erneuert und um einen Minigolfplatz bereichert, ein neu gegründeter Tennisklub legte Tennisplätze an, eine Schwimmhalle entstand, schließlich wurde seit der Mitte der Siebzigerjahre ein ungewöhnlich steiler und über die deutsch-österreichische Grenze hinwegführender, den Blick auf das ganze Kaisergebirge eröffnender Golfplatz geplant und angelegt. Er umschließt heute die Wiesen des Boarhofs, nutzt sie aber nicht, weil sich meine prinzipienfeste Mutter trotz der immerwährenden Geldknappheit standhaft und unvernünftig geweigert hatte, die anderweitig kaum mehr verpachtbaren Grundstücke für diesen „abscheulichen Zweck" zur Verfügung zu stellen.

Alle bereitwillige Anpassung der Gemeinde an den vermeintlichen oder tatsächlichen touristischen Bedarf konnte freilich die Probleme nicht lösen, die im Lauf der Jahrzehnte auf das Dorf zukamen. Die Ansprüche der Sommer- und vor allem der Wintergäste und deren Möglichkeiten, sich spektakulärere Urlaubsorte zu suchen, stiegen kontinuierlich. In den ersten drei Jahrzehnten nach dem Krieg war der Ort für ein überwiegend kleinbürgerliches Publikum aus West- und Norddeutschland genau richtig: Die Preise waren überschaubar, die Skihänge harmlos und für erste Rutschversuche bestens geeignet, die Spazier- und Wandermöglichkeiten reichlich. Das Après-Ski und Folkloretreiben genügten den Erwartungen. Aber

Panoramablick auf das Dorf von Nordwesten Anfang der Vierzigerjahre

mit dem Ausbau des Winter- und Sommertourismus in Österreich, der Schweiz, Frankreich und Italien, mit der Erschlie-
ßung der Alpen bis zu den Gletschern mit immer neuen Liften
und Pisten, mit der Etablierung des Adria-Grills als Mindest-
standard für den Sommerurlaub und allemal mit dem entste-
henden Normalkonsum an Fernreisen verblasste der Ruf des
Ortes. Ein Übriges tut der Klimawandel. Er mochte dem Dorf
zunächst geholfen haben, indem das verlässliche Schneeloch
Reit im Winkl Skifahrer oder auch Nordische Skiwettbewerbe
anzog, die anderswo plötzlich auf dem Trockenen saßen. Aber
jetzt fehlt es – einzelne ungewöhnlich kalte Winter ausgenommen – auch hier oft an Schnee. Hinzu kommt, dass es dem Ort
nicht gelang, sich als Standort im werbeträchtigen Zirkus der
winterlichen Weltcupveranstaltungen und Weltmeisterschaf-
ten, in der Nordischen Kombination, beim Biathlon oder im
Eislauf zu platzieren. Für alpine Skiereignisse waren die umlie-

genden Berge zu harmlos, im Nordischen Skisport versäumte es die Gemeinde, die Sprungschanze auf die jetzt nötige Größe zu bringen – im Grunde war das Gelände auch zu eng und vielleicht auch zu abgelegen dafür. Im Eislauf und Biathlon hatten die Nachbargemeinden Inzell und Ruhpolding schneller auf neue Trends reagiert und neue Sportstätten geschaffen. Rosi Mittermeier als zweifache Goldmedaillengewinnerin von Innsbruck 1976 machte als Werbeträgerin noch keinen touristischen Frühling.

In den Vierziger- bis Sechzigerjahren setzte sich die dörfliche Gesellschaft aus den Bauern, einigen Wirten, Geschäftsleuten, Handwerkern, Saisonarbeitern in den Hotels, ein paar Angestellten bei einzelnen Geschäften und bei der Raiffeisen/ Volksbank, einigen Beamten bei der Post, der Gemeinde, beim Forst und beim Zollamt sowie einer größeren Anzahl von Flüchtlingen zusammen. Den größten Anteil stellten die bäuerlichen Familien auf Höfen von fünf bis fünfzehn Hektar. Die Kinderzahl erreichte in der Generation meiner Eltern, der Geburtsjahrgänge zwischen 1900 und 1914, vielfach noch acht oder zehn, in meiner Generation zwei bis fünf, manchmal auch deutlich darüber, mit einem Übergewicht der Buben, jedenfalls in unserer unmittelbaren Nachbarschaft. Sozial war der bäuerliche Bevölkerungsanteil in sich stark differenziert. An der Spitze der Pyramide standen die Wirte, anfangs zum Teil noch mit Landwirtschaft mit Metzgerei, die jetzt zu Hoteliers aufstiegen, sowie die Sägewerksbesitzer, die oft auch noch Landwirtschaft betrieben. Danach kamen einige wenige Großbauern mit bis zu 25 Hektar Grund, wozu auch noch ein Wald gehören konnte. Unterhalb dieser kleinen Gruppe wirtschaftete die breite Mehrheit aus der unteren mittelbäuerlichen Schicht auf gut gehaltenen Höfen. Es dominierte die Milchwirtschaft, ergänzt durch den Anbau von etwas Getreide, Hafer und Kartoffeln für den Eigenbedarf. Je mehr sich der Agrarmarkt erst nationalisierte und seit der Gründung der Europäischen Wirtschaftsgemeinschaft (EWG) 1957 internationalisierte, desto schwieriger wurde es, diese bäuerlichen Wirtschaften ohne Nebenerwerb zu halten. Die Höfe waren reine Familienbetriebe, angewiesen auf die Mitarbeit der Kinder, die in der Schule während der Heuernte auch oft fehlten, und gelegentlich von unverheirateten Brüdern und Schwestern der Bauern und Bäuerinnen. Hierbei ging es, soweit ich das damals sehen konnte, durchaus verträglich, manchmal aber auch brutal zu.

Knechte oder Mägde konnten sich nur die Großbauern leisten. Wer nichts besaß, galt in der bäuerlichen Gesellschaft nichts und wurde ohne die bürgerliche Familiensentimentalität nur nach seiner Arbeitskraft bewertet. Ein lediges Kind – und davon gab es einige – drückte in aller Regel die Mutter auf den Status einer Magd herunter, und das Kind hatte es sehr schwer, sich im Kreis der Stiefgeschwister und der Alterskameraden insgesamt zu behaupten. Erst als den Bauern im Zug der neuen Zeit die Bräute auszugehen begannen, konnte eine solche Kindsmutter oder auch eine unversorgte und nicht erbberechtigte nachgeborene Tochter in einen der größeren Höfe einheiraten. So zog eines Tages der „kleine Hansi", der zweite und deshalb auch geschätzte Fußballpartner aus der nächsten Nachbarschaft, mit seiner jetzt verheirateten Mutter auf einen weit abgelegenen, im Winter nur mühsam zugänglichen Hof im Gföll auf der österreichischen Seite des langen Hochtals zwischen Reit im Winkl/Winklmoosalm und Waidring im Saalachtal nahe Lofer und Leogang. Manchmal kam die Legitimierung und Statuserhöhung auch mit Glanz und Gloria. Dieses Glück widerfuhr unserer Wäscherin, einer gutaussehenden, kräftigen, freundlichen jungen Frau, die die knochenharte Arbeit des stundenlangen Kochens und Wendens der Weißwäsche in der heißen, dampfenden Waschküche zügig erledigte. Sie wurde vom Großbauern und Sägemühlenbesitzer Penzmüller in einer über mehrere Tage gefeierten Bauernhochzeit heimgeführt.

„Zur Erinnerung an Ihre Leni"

Bei solchen – seltenen – Gelegenheiten trat damals auch noch der Hochzeitslader auf, in diesem Fall ein in Kunstangelegenheiten schon bis nach Moskau gekommener Jodler, als Bote in Sonntagstracht und mit geschmücktem Stab in der Hand, und trug in bayerischer, witziger und weit ausholender Gedichtform die offizielle Einladung zu der Festlichkeit vor.

Unter dieser mittelbäuerlichen Schicht kamen die Kleinbauern und Häusler, die sich nur zwei, drei oder vier Kühe leisten konnten und bei denen die Landwirtschaft ganz zum Nebenerwerb geworden war. Im Wirtshaus hatten sie neben den wohlhabenderen Hofbesitzern nichts zu suchen. Sie arbeiteten hauptsächlich als Hilfsarbeiter im Sägewerk oder beim Bau, der am Ort vor allem durch zwei eingesessene Bauunternehmen getragen wurde und im Aufschwung der Fünfziger- bis Siebzigerjahre zunehmend Arbeitsplätze anbot. Im Winter hieß es für die Saisonarbeiter: „Stempeln gehen!" – der übliche Ausdruck für den Bezug von Arbeitslosengeld. Im Lauf der Jahre verlegten sich dann viele nachwachsende junge Frauen und Männer ganz aufs Fremdenverkehrsgewerbe, betrieben ihre neugebauten Pensionen und Gästehäuser, wobei sich die Frauen um die Hauswirtschaft kümmerten und die Männer die am Haus anfallenden Bau- und Reparaturarbeiten erledigten und ansonsten vorwiegend als Bauhandwerker oder Hilfsarbeiter Geld verdienten.

In den frühen Jahren bot das Staatliche Forstamt vielen Bauern die Möglichkeit eines winterlichen Nebenerwerbs. Sie mussten ein Pferd besitzen und mitbringen, sowie einen sehr stabilen Kurzschlitten, mit dem man schwere Frachten befördern konnte. Es galt, das im Sommer von den Holzknechten geschlagene Holz aus dem Staatswald in den Bergen zu Tal zu bringen. Die Stämme waren nach dem Fällen der Bäume schon im Sommer von den Ästen befreit, entrindet und in der richtigen Länge zugeschnitten worden – in einem Arbeitsgang, den heute, bei zugänglicher Lage der Bäume, ein auf einem Lastwagen montierter Säge- und Schälmechanismus in fünf Minuten erledigt. Zunächst galt es, die Stämme mit dem Sappie, einem langstieligen beilartigen Gerät, bei dem die Schneide durch eine schwere, scharfe, eiserne Spitze ersetzt ist, aus dem meist steilen und weglosen Gelände durch gezieltes Abrutschenlassen in die Nähe eines Almweges zu bringen. Dort wurden drei bis sechs Stämme auf die kurzen, gleichsam einachsigen Schlitten aufgelegt. Die rückwärtigen Enden der Stämme schleiften auf dem Boden, um auf den steilen, schmalen und kurvigen Almwegen, vielfach an Felswänden und Abstürzen entlang, die Talfahrt soweit es eben ging abzubremsen, denn die Schwere der Stämme übte nach vorne hin einen enormen Schub aus. Die Männer hausten im tiefen Winter meist die ganze Woche über in den Forsthütten oder Almen, daheim von ihren Frauen mit Bangen erwartet. Denn dieses Holzfahren war eine lebensgefährliche Arbeit. Manches Mal wurde der Schub zu groß, und der Schlitten war mit seinen Hörnern und den ebenfalls mit den Händen zu bedienenden Bremsklampen links und rechts auf Schnee oder Eis nicht mehr zu lenken oder zu bremsen. Dann konnte es passieren, dass der Schlittenführer sich nicht mehr rechtzeitig retten konnte und unter seine Fuhre geriet.

Dass die bäuerlichen Verhältnisse alles andere als idyllisch waren, bekam ich bald mit. In der Nachbarschaft war die verwitwete Mutter des Bauern, die noch auf dem Hof lebte und arbeitete, schon vor langer Zeit beim Heuen so unglücklich gestürzt, dass ein Halswirbel gebrochen war und sie den Kopf nur noch tief auf die Brust gesenkt halten konnte. Um den Sommergästen diesen Anblick zu ersparen, wurde die alte Frau monatelang in einen Bretterverschlag auf der Tenne eingesperrt, den sie nicht verlassen konnte. In der weiteren Nachbarschaft gab es einen Bauern, dessen Tochter mit ihren Kindern im Haus lebte. Der Alte hatte es auf seine Enkelinnen abgesehen, aber jahrelang gab es in den ärmlichen und beengten Verhältnissen für die Mutter keine Möglichkeit, dieser Zwangslage zu entkommen.

Eine Gestalt, die vielen Angst einjagte, war der Lanz Pauli. Er kam aus einem der Nachbarhöfe hinter der Tiroler Grenze, dürfte um 1950 etwa 20 Jahre alt gewesen sein, war in früher Kindheit an einer Hirnhautentzündung erkrankt und hatte einen unheilbaren Hirnschaden erlitten. Aber er war ansonsten gesund und von ungeheurer Motorik getrieben. Barfuß und bei jedem Wetter eilte er stunden-, manchmal tagelang oder mehrmals am Tag auf den immer gleichen Wegen hin und her, ohne eine Pause einzulegen. Sein bevorzugtes Gelände waren die Schanzen nahe beim Hof, unmittelbar hinter der Grenze gelegen – Laufgräben und über das Gelände leicht erhobene, begrünte und begehbare Wälle, die ich mit den Nachbarbuben im entsprechenden Alter gern als Schauplatz für Indianer- und Kriegsspiele nutzte. Aber Paulis Radius war groß, manchmal begegnete man ihm auf dem Weg ins Dorf, und jenseits der Grenze dürfte er ähnlich weite Wege gegangen sein. Die Grenze existierte für ihn nicht, und er wurde von den Grenzern in Ruhe gelassen. Gelegentlich kam er an die Bank vor dem Haus heran und machte die Geste des Zigarettenrauchens. War eine Zigarette zur Hand, so wurde sie ihm freundlich gereicht, Zündhölzer hatte er selbst in der Hosentasche. Er tat niemandem etwas zuleide, aber wer ihn und sein Treiben nicht kannte, der konnte sich furchtbar vor ihm erschrecken. Das passierte auch Besuchern in unserer Wohnstube manchmal, wenn er bei Halbdämmerung, als innen schon Licht brannte, die Vorhänge und Fensterläden aber noch nicht geschlossen waren, durch ein Fenster hereinstarrte. Heute erinnert mich sein damaliger Blick aus einem bleichen, reinen, von wirren Haaren umstandenen Christusgesicht an den Moment in einer Verfilmung von Dostojewskis Roman „Der Idiot", in dem der Ausdruck von Gérard Philippe die Züge des Wahnsinns annimmt. Natürlich fühlten wir Kinder uns unwohl, wenn er im Eilschritt und ohne einen Blick nach rechts oder links zu wenden unseren Weg kreuzte. Aber es war uns nachdrücklich gesagt worden: „Der tut euch nichts!", und schließlich waren wir seinen Anblick gewohnt. Doch setzten ihm heiße und gewittrige Sommertage zu, je älter er wurde, desto mehr. Dann konnte er in lautes Schreien und wildes Gestikulieren ausbrechen – ich hatte manchmal den Eindruck, als würde er mit den nach oben gereckten Armen und dem in den Nacken geworfenen Kopf den Himmel für sein Schicksal anklagen. In den späteren Sechzigerjahren ging es wohl nicht mehr mit ihm, er musste sein Elternhaus verlassen und wurde in einem Heim untergebracht. Erst einige Zeit später fiel mir plötzlich auf, dass er nicht mehr da war. In den Vierziger- und Fünfzigerjahren waren die Höfe noch ein Stück weit autark. Bauarbeiten, auch bei der Errichtung der Häuser für die Söhne und Töchter, führten die Bauern, zum Teil mit bezahlter Nachbarschaftshilfe, selbst aus, wenn es nicht um die Installation oder das Setzen des Dachstuhls ging. Einer unserer direkten Nachbarn hatte das Schäfflerhandwerk gelernt. Ihn konnte man, wenn er von der Arbeit im Dorf nach Hause gekommen war, neben seiner kleinen Landwirtschaft immer beim Zementmischen, Maurern oder Zimmern sehen. Nach dem Krieg siedelten sich hie und da am Alpenrand erste größere Industriebetriebe an und erweiterten den ländlichen Arbeitsmarkt. Mein Freund Ernst, das jüngste von drei Kindern aus dem Nachbarhof Rott, machte nach dem Abschluss der Volksschule eine Lehre als Werkzeugmacher bei der Radio- und später auch Fernsehfabrik Körting im 20 Kilometer entfernten Grassau, verdiente später im Norden Deutschlands gutes Geld als Facharbeiter, baute ein Haus und gründete eine Familie, ehe er, wenig über 40 Jahre alt, an Krebs starb. In der Regel blieben die Söhne der Bauern und Handwerker am Ort und richteten sich hier in der beschriebenen Weise ein, während die jüngeren Söhne wegzogen, froh, die Landwirtschaft hinter sich lassen zu können. Viele Töchter aus dem Tal heirateten weg.

Schon seit den Dreißigerjahren hatte die dörfliche Population begonnen, einige exotische Einschlüsse aufzunehmen. Nach dem Krieg kamen mehrere Ärzte von außen, spielten jedoch gesellschaftlich keine eigene Rolle. Der älteste, vorher einzige niedergelassene Arzt am Ort, Dr. Brambach, wanderte zu seinen Patienten beim Hausbesuch in dem weitläufigen Ort noch zu Fuß. Da ich von früh an mit HNO-Beschwerden und Erkältungen zu kämpfen hatte, legte der herzleidende Mann mehrfach im Jahr den weiten und steilen Weg zum Hof zurück. Seitdem die Großmutter 1950 bettlägerig geworden war und an schweren Schmerzen litt, kam zweimal die Woche die Gemeindeschwester Raimunda vom Dritten Orden heraufgegangen. Sie war eine kräftige, herzensgute, völlig anspruchslose Bauerntochter in fortgeschrittenen Jahren, die sich über den langen Weg und die schwere körperliche Arbeit beim Waschen und Bewegen der Großmutter niemals beklagte. Sie war eine allseits geschätzte Instanz im Ort. Nachdem sie sich im hohen Alter in ihr Stammhaus, das Krankenhaus zum Dritten Orden in München-Nymphenburg, zurückgezogen hatte, besuchte die für die unschätzbare Hilfe dankbare Mutter sie dort mehrfach und überbrachte zu Weihnachten ein Geschenk.

Schon vor dem Krieg hatte sich ein Dichter, Hans Heyck (*1891, †1972), angesiedelt, der am östlichen Ende des Tals das höchstgelegene, abenteuerlich an den steilen Berghang gelehnte Haus des Orts bewohnte, einen reinen Holzbau, ohne elektrischen Strom und Autozufahrt, aber mit einem unvergleichlichen Blick über das Tal, die Loferer Steinberge im Süden und den Wilden und Zahmen Kaiser im Westen. In manchen harten Wintern muss er tagelang von der Außenwelt abgeschnitten gewesen sein. Gelegentlich stieg er mit seinem Rucksack von seinem Hochsitz herunter und besuchte dann auch den einzigen Buchladen am Ort, die Bücherklause, wo er die Damen – Flüchtlinge natürlich – mit altmodischer Konversation beglückte und entsprechend umtan wurde. Mein Großvater war der Meinung gewesen, man müsse die Bücher des ortsansässigen Originals kennen, und so fand ich in der häuslichen Bibliothek wenigstens eine Biografie ausgerechnet des preußischen Soldatenkönigs Friedrich Wilhelm II. aus der Feder dieses Autors. Als Geschichtsstudent versuchte ich es zu lesen, fand es aber unerträglich. Hans Heyck war im Übrigen eine literarisch nicht ganz unwichtige und in seiner Lebensführung jedenfalls konsequente Figur. Er war 1919/20 Geschäftsführer der Deutschnationalen Volkspartei und stand der Heimatbewegung nahe. In drei Romanen, („Der Zeitgenosse", 1925, „Der „Außenseiter", 1928, und „Der Stadel", 1930) setzte er sich mit dem Generationenschicksal der um 1890 Geborenen auseinander, am Lebensweg der Protagonisten zeigte er scheiternde Versuche, in der Gesellschaft der Weimarer Republik Fuß zu fassen. Heycks Schriften dieser Jahre spiegeln ein permanentes Schwanken zwischen dem Politisierungssog seit der Revolutionserfahrung 1918/19 und der Sehnsucht nach erfüllter, erlebnisgesättigter privater Existenz wider – eben jenes Schwanken, das er offensichtlich auch lebte, indem er sich in einen buchstäblich äußersten Winkel Deutschlands zurückzog, zugleich aber nach dem Eintritt in die NSDAP 1931 mit Preußenbüchern und Artikeln, auch im Völkischen Beobachter, seine völkische Weltanschauung zu verbreiten suchte.

Zum künstlerischen Personal am Ort gehörte auch ein pensionierter Kammersänger, der einige meiner Mitschüler erfolgreich im Gesang unterrichtete – was sowohl den örtlichen Nachtbars wie auch den Mozart- und Haydn-Messen an den Festtagen in der Kirche zugutekam. Dann gab es noch meine Klavierlehrerin und den Steinmetz und Bildhauer Paul Seibold, der seinen Lebensunterhalt hauptsächlich mit dem Bearbeiten von Grabsteinen verdiente, der aber auch, wenn ein Auftrag einging, gekonnt Figuren, Tierplastiken und Porträts schuf. Steinmetz Seibold wirkte auch mit fester, aber etwas unbeholfener Hand in dem Kammermusikkreis mit, der sich regelmäßig in der wohnlich ausgebauten Beletage des zweiten Hofes am Ort traf, der in den Dreißigerjahren von wohlhabenden Freunden des Landlebens gekauft worden war. Das sehr stattliche Gehöft, herrlich gelegen auf einer Anhöhe über dem Talgrund – aber 50 Höhenmeter unterhalb des Baierhofs –, war in den Besitz eines altbayerischen Barons mit längst aufgegebenem Stammsitz südlich von München gekommen. Der eigentliche Finanzier und Patron des Hauses war jedoch ein Direktor von Beton und Monnier, der der Hausfrau jeden Wunsch von den Lippen ablas – dieser Wunsch bestand vor allem darin, Geige und immer wieder Geige spielen zu können. Notfalls tat es auch die Bratsche oder die zweite Geige, wenn bessere Geiger auftauchten. Wer immer mehr oder weniger gut ein Streichinstrument spielte, wurde angefragt und eingeladen. So entstand ein fluktuierender Kreis aus Einheimischen (die allerdings auch erst früher oder später zugereist waren) und Gästen. Zu den Einheimischen zählten der Volksschulrektor Hartinger, der Volksschullehrer Linner, ein örtlicher Drogist namens Harrer, meine Mutter und schließlich auch ich. Man rekrutierte mich für die häufig vakante Position des Cellisten, kaum dass ich die C-Dur-Tonleiter einigermaßen beherrschte.

Zu den ganz- oder halbprofessionellen Gästen gehörten der Geiger und ehemalige Konzertmeister des Gewandhausorchesters Leipzig, Willy Schaller, seit Ende der Zwanzigerjahre Professor am Staatskonservatorium in Würzburg, die jüdische Emigrantin Feldheim aus Manchester und der ein oder andere Pianist, der mit den nicht leichten Partien der Mozart'schen Klavierquartette zurechtkam.

Nicht dabei war ein weiterer exotischer Zuzug nach dem Krieg, der Sohn eines ehemaligen Vorstandsvorsitzenden der Deutschen Großbank, der in der Weimarer Republik und im Dritten Reich eine nicht unbedeutende, aber politisch wenig erfreuliche Rolle gespielt hatte. Er kaufte einen der besonders prächtig über dem Ort gelegenen Höfe und bewirtschaftete ihn selbst, jedoch mit wenig Erfolg. Was ein, allerdings in den Proportionen bescheidener Akt der Refeudalisierung einer zu den höchsten Höhen aufgestiegenen und im letzten Moment noch geadelten bürgerlichen Familien hätte sein können und möglicherweise sein sollen, missriet zu einem kontinuierlichen sozialen Abstieg, verursacht vor allem durch den Hang zum Alkohol. So konnte – oder musste – ich mit Unbehagen (da ein Sohn mit mir die Schulbank drückte) über die Jahre hinweg auf dem Schulweg beobachten, wie der zum Anwesen gehörende Wald gleichsam von hinten her, wo man es am wenigsten sah, abgeholzt wurde – bis am Ende auch die vordersten Tannen und Fichten gefällt waren. Der Bankierssohn aus dem Norden fand keinerlei Anschluss im Dorf, außer in der Weinstube. Irgendwann wurde der Hof verkauft und erfuhr das naheliegende Schicksal solcher Anwesen am Ort: Die neuen Eigentümer verwandelten ihn endgültig in ein Gästehaus mit Restaurant.

Mit dem eigentlichen Dorf hatte unsere Familie nicht allzu viel zu tun. Der Vater war nur am Wochenende da, besuchte öfter am Sonntagmorgen die Kirchgaß, um mit dem einen oder anderen Handwerker, Sägewerksbesitzer oder auch engeren Nachbarn zu sprechen – über eine notwendige Reparatur am Hof, über den Verkauf von Holz aus dem Holzrecht oder über Probleme mit der genossenschaftlichen Wasserleitung für Oberbichl und Birnbach. Die Mutter kaufte ein, stand mit allen auf gutem Fuß, nahm sich mitunter eines sozialen Falls im weiteren Umkreis der Nachbarschaft an und versuchte dann, durch Intervention beim Pfarrer und beim zuständigen Amt eine Besserung zu erreichen. Als im Zuge des Modernisierungswahns der Sechzigerjahre eine schöne alte Dorfkapelle der Begradigung einer Straße geopfert werden sollte, mobilisierte sie ihren entfernten Onkel Alexander von Reitzenstein, Kunsthistoriker, lange Jahre Referent für Waffen und Kostüme am Bayerischen Nationalmuseum und schließlich Gründungsdirektor des Bayerischen Armeemuseums. Er kam, begutachtete die Lage, sah, dass das Kirchlein keine Chance hatte, zum offiziell schützenswerten Denkmal erhoben zu werden, mobilisierte aber trotzdem den Denkmalschutz, die Regierung von Oberbayern als Aufsichtsbehörde und die Gemeinde selbst, und hatte am Ende Erfolg: Die Kapelle steht heute noch und zwingt die Straße zu einer leichten Schleife, markiert aber auch den Kern des Ortsteils und erinnert an dessen ursprüngliche Figuration aus Wirtshaus und bescheidenem Gotteshaus, das von Bäumen und einem Brunnen und den nächstgelegenen Bauernhöfen umstanden war.

In späteren Jahren stieg die Mutter zu einer Art Bildungsinstanz am Ort auf, indem sie Schülern der Oberrealschule im nahen Marquartstein Nachhilfeunterricht in Englisch und Französisch gab und bereitwillig Bücher aus der häuslichen Bibliothek verlieh, wenn Schüler für die neuerdings üblichen Referate in den Oberklassen Literatur benötigten. Das konnte Montesquieus „Geist der Gesetze" betreffen, alle Fragen zur englischen, französischen oder deutschen Literatur, die Klassiker der deutschen Philosophie, die mit den wissenschaftlich akkreditierten Meiner-Ausgaben so gut wie vollzählig vertreten waren, und besonders alles Geschichtliche. Nicht, dass die Bibliothek der Oberrealschule Marquartstein schlecht bestückt gewesen wäre, aber irgendeine Lücke gab es immer und stets fand sich im Hof in Reit im Winkl ein nützliches Werk. Die Mutter wusste auch in unerschütterlicher Höflichkeit die Stellung zu halten, wenn einmal ein Bauer in geschäftlicher Angelegenheit eintrat. Wenn ein Bauer erst einmal besuchsweise in der Stube saß, verließ er sie so schnell nicht wieder – und der Vater hatte längst aufgegeben und sich zurückgezogen.

Der engste Lebensumkreis bestand in den drei benachbarten Höfen des Ortsteils Oberbichl einschließlich unseres Zuhauses mit seinen Flüchtlingsbewohnern. Hier konnte es schon einmal zu heftigen Spannungen kommen. Im Hochsommer wurde an besonders heißen Tagen das Wasser aus der genossenschaftlichen Quelle so knapp, dass der Druck nicht ausreichte, um es im höchstgelegenen Hof Oberbichls, dem unsrigen also, in den ersten Stock zu befördern. Der Vater saß in München an seinem Schreibtisch, ich war noch zu jung, um als Verhandlungspartner oder Parlamentär ernst genommen werden zu können, und so machte sich denn die Mutter, ungern genug, auf den Weg zum tiefer gelegenen Nachbarhof, wo das Brunnenwasser zeitweise ungenutzt aus dem Rohr sprudelte. Da passierte es manchmal, dass der völlig überarbeitete und vom Druck des Heueinbringens überreizte Bauer die lästige Bittstellerin gewaltsam vom Grundstück drängte – schließlich hatte sie auch nicht, wie er, das Tränken von 20 Kühen sicherzustellen.

Ich selbst betrat den einen Nachbarhof sehr selten, im anderen, wo mein Freund Ernst wohnte, ging ich fast wie zu Hause ein und aus und half auch bei anstehenden Arbeiten wie etwa Heuen oder Holzschlichten, um ihn möglichst bald zum Spielen loszueisen. Mit den Gleichaltrigen in der Schule hatte ich, abgesehen von Schulweg, Schulbus und Schule selbst, wenig Kontakt, weil der Weg ins Dorf weit und vor allem der Rückweg wegen der Steigung so beschwerlich war, dass ich, vor allem in jungen Jahren, einfach nicht noch einmal ins Dorf hinunterkam.

Heimweg durch den Schnee

Erst mit 14 oder 15 Jahren, als ich robust genug war und das Fußballspielen zum zweiten, genauer gesagt zum ersten Lebensinhalt wurde, hielt es mich auch nach dem langen Schulweg nicht mehr am Hof und ich nahm, nachdem ich mich auf dem Platz regelmäßig bis zum Erbrechen verausgabt hatte, die Schinderei des Rückwegs mit dem Rad, das geschoben werden musste, in Kauf. Kürzlich, beim Klassentreffen anlässlich der Einschulung vor 70 Jahren, erzählten mir allerdings zwei ehemalige Schulkameraden aus der entfernteren Nachbarschaft unabhängig voneinander, welch großen Eindruck eine Geburtstagseinladung in den Baierhof bei ihnen gemacht habe. Ich selbst konnte mich daran gar nicht mehr erinnern, wohl aber an eine spätere Einladung in der vierten oder fünften Klasse der Oberschule, als mehrere der Eingeladenen ohne Vorankündigung einfach nicht erschienen, wohl der aufwändigen Busreise und des dreiviertelstündigen Fußmarsches wegen, die sie hätten unternehmen müssen. Ein solches Verhalten erschien mir nicht nur sonderbar, sondern unbegreiflich. Es zählt zu den ersten – und lebenslang prägenden – Eindrücken davon, dass man sich auf die Mitmenschen nur dann verlassen kann, wenn sie einem wirklich nahestehen. Und auch dann nicht immer.

Wegen der Entfernung zum Ort geriet ich auch nicht in die Bandenkämpfe der Gleichaltrigen. Rivalitäten gab es aber trotzdem genug. Zum Raufen hatte ich durchaus Neigung, und wenn ich mich behaupten wollte, so war die ein oder andere Prügelei unumgänglich. Im Umkreis der Schule galten gewisse Regeln der Fairness, auf dem langen Schulweg, wo immer ein paar Mitschüler auch noch aus der Volksschule ein Stück des Weges mit mir gemeinsam hatten, galt für die Raufereien der pure Freistil. Mitunter wurde aus einem Spiel urplötzlich Ernst, auf eine geregelte oder gar faire Kampfesführung kam es den Bauernsöhnen nicht an. Die Raufereien ließen für längere Zeit deutlich nach, nachdem einer der Flüchtlingssöhne einen der Bauernburschen empfindlich und mit dauerhaften Folgen mit einem steinharten Schneeball am Auge getroffen hatte. Ein anderer meiner „Gegner", im Kampf ein draufgängerischer und rücksichtsloser Schläger, dem ich nach ein paar Zusammenstößen lieber aus dem Weg ging, ließ es auch noch als Hoferbe und junger Familienvater manchmal an Vorsicht mangeln. Er starb früh, als er mit seinem Traktor bei der Rückfahrt von seiner Alm von dem felsigen und exponierten Weg abkam und in die Tiefe stürzte.

Zweimal im Jahr, im Frühjahr und im Herbst, fand auf der Dorfstraße ein Jahrmarkt statt. In den Fünfzigerjahren war das für das Dorf ein großes und wichtiges Ereignis. Ich selbst kannte von den Touren zum Münchener Schlussverkauf den preiswerten Einkauf in der großen Stadt. Den Dorfbewohnern

Der Glapfhof, auf halber Höhe zwischen Dorf und Baierhof

war diese Möglichkeit aber weitgehend verwehrt. Allenfalls fuhr man einmal in die Kreisstadt Traunstein, aber das war, zumal in den frühen Nachkriegsjahren noch ohne Auto, eine aufwändige Unternehmung. Auf dem Dorfmarkt nun gab es zu niedrigeren Preisen als in den örtlichen Geschäften Textilien und Schuhe, Haushaltswaren aller Art, Werkzeug, Spielwaren, Lebensmittel. Hier bekam ich zum ersten und letzten Mal im Leben Ross-würste vorgesetzt. Attraktiver war da schon das reichhaltige Ver-gnügungsangebot, wie es eben ein Rummel alter Art bereithielt: Karussell und Schiffsschaukel, auf der die mutigsten Burschen mit einem Ledergurt festgeschnallt sogar einen Überschlag wagten. Zu meiner großen Überraschung durfte ich in Beglei-tung des Vaters ein paar Schüsse auf eine Schießscheibe abgeben. Diese Überraschung wuchs noch, als ich sah, wie stolz der Vater über einige Treffer nahe der 12 war – hatte er sich doch immer als absolut schieß- und militärfeindlich gegeben.

Eine Gelegenheit, den unteren Rand der Dorfgesellschaft kennenzulernen, boten die Ferienjobs, die ich in den letzten Schuljahren zu Beginn der Sommerferien übernahm. Beim Forst zu arbeiten war für einige Oberschüler am Ort zur gängigen Praxis geworden. Man ging zum Forstamt und wurde von dort weiterverwiesen an einen der Haumeister, die die Zuteilung zu einem Arbeitstrupp übernahmen. So fand ich mich denn an einem frühen Montagmorgen Mitte Juli an einem der Treff-punkte ein. Mehrmals traf es mich mit Seegatterl, einem Weiler fünf Kilometer vom Ort entfernt an der Straße Richtung Ruh-polding/Inzell, damals wie heute der Ausgangspunkt für die Auffahrt zum Skigebiet Winklmoosalm. Dort gab es neben dem auf einer kleinen Anhöhe gelegenen stattlichen Amtssitz eines Revierförsters ein relativ neues Forsthaus, ganz aus Holz, niedrig, aber geräumig – die sogenannte Leutstubn für die Forstarbeiter.

Wenn man eintrat, stand man in einem weiten, aber dunklen Raum, der ganz auf den großen Herd in der Mitte zentriert war. Unser Arbeitstrupp bestand aus einem Vorarbeiter, einmal sogar einer Vorarbeiterin, mehreren Forsthilfsarbeitern und zwei oder drei jobbenden Schülern. Im Forsthaus wurde, wenn wir abends vom Berg zurückkamen, gekocht, sehr einfach natürlich, meistens Rühr- oder Spiegelei und eine Scheibe Leberkäs. An den Wänden entlang zogen sich Holzbänke, auf denen man bei schlechtem Wetter sitzend oder liegend seine Abende verbrachte. Einen Radio- oder Fernsehapparat gab es noch nicht. Manchmal brachten die Herren Schüler nach der Arbeit noch die Energie auf, sich aufs Rad zu schwingen und im nahen Weitsee ein paar Schwimmzüge zu machen. An Regen- oder Nebeltagen trocknete man nach dem Essen die nassen Sachen vom Tage am Herdfeuer. Die morgendlichen und abendlichen Waschzeremonien fanden am Brunnen vor dem Haus statt. Die Vorarbeiter achteten darauf, dass im Haupt- und Essraum peinlichste Ordnung und Sauberkeit herrschten. Gegen neun Uhr zogen sich alle von der Tagesarbeit ermüdet in die Schlafkojen nebenan zurück.

Je nach Bedarf im Revier dauerte der Anmarsch zur Arbeit zwischen 15 Minuten und zwei Stunden. Es kam vor, dass wir um sieben Uhr aufbrachen, um neun Uhr nach steilem Aufstieg anlangten, und dann erst einmal Brotzeit machten. Die strikt eingehaltene Mittagspause dauerte von 12 bis 13 Uhr. Nach kurzem Imbiss suchte sich jeder einen Platz, wo er sich ausstrecken und eine halbe Stunde schlafen konnte. Ich erinnere mich an manchen Moment qualvollen Gewecktwerdens mit schmerzenden Muskeln am ganzen Körper. Bei Regen marschierte man zu einer der kleinen Hütten, von denen mehr über die Wälder verteilt sind, als man meinen möchte, oder man suchte Schutz unter ein paar dichten Bäumen. Danach wurde, wiederum mit einer kurzen Pause, bis 17 Uhr gearbeitet. Der Rückweg zum Forsthaus im Tal gehörte zur Arbeitszeit und wurde bei entsprechender Entfernung manchmal schon um 15.30 Uhr angetreten. Die Arbeit war unterschiedlich hart. Wenn man Pech hatte, landete man beim Straßenbau, an einer der Trassen, die seit Beginn der Sechzigerjahre mit Hilfe des damals erstellten Grünen Plans überall auch durch unwegsamstes Gelände geschlagen wurden, um den Abtransport des Holzes durch schwere Lastwagen von überall her zu ermöglichen. Inzwischen ist es der Staatlichen Forstverwaltung gelungen, eine massive Struktur dieser breiten Straßen, die oft vom Tal aus weithin sichtbar sind, in die Felswände zu sprengen und so – ebenso wie mit der monokulturellen Fichten- und Tannenbepflanzung – die ursprünglich äußerst abwechslungsreiche Berglandschaft zu einem Refugium von Ödnis und Langeweile zu denaturieren. Die Arbeit an diesem Straßenbau forderte uns Schüler manchmal bis an die Grenze unserer Kräfte. Beschränkte sie sich auf den leichteren Teil, die Neubepflanzung der steilen Abhänge an den Straßenrändern, so war doch der Boden oft entweder felsig oder lehmig, und vor allem bei Regen war auch das eine Schinderei. Dass wir uns dabei von den eigentlichen, bärenstarken Straßenarbeitern als schlappe Akademiker verspotten lassen mussten, störte uns dagegen wenig.

Zum Straßenbau mussten wir Schüler zum Glück nur selten ausrücken. In der Regel zog man uns zum Steigputzen heran. Das war verkraftbare, manchmal geradezu angenehme Arbeit, bei der wir am Abend allerdings auch wussten, was wir getan hatten. Was ich selbst bis dahin nicht gemerkt hatte, trotz vieler Berggänge in der Nähe des Hofes: Der Bergwald ist durchzogen von einem dichten Gespinst kleiner und kleinster Pfade und

Steige, die auch die abgelegensten Hänge und Schluchten erschließen. Im Lauf der Jahre geht das Wetter über sie hin, Laub sammelt sich in dichten Büscheln an, im Winter fallen dürre Äste oder vertrocknete Stämme darüber, die Stürme reißen mitunter ganze Bäume um und werfen sie quer über den Pfad, Regenfälle waschen die Pfade aus und vermuren sie. In regelmäßigen Abständen müssen die Steige daher wieder frei geräumt, geputzt werden. Wir rückten ihnen mit Schaufel, Hacke und Säge zu Leibe.

Manchmal waren wir drei oder vier Schüler in einem Trupp, manchmal war ich aber auch mit dem Vorarbeiter und/ oder ein oder zwei Hilfsarbeitern allein unterwegs. Immer musste man damit rechnen, dass plötzlich der Revierförster hinter den Bäumen auftauchte. Allzu viele Pausen konnte man daher nicht einlegen – und wenn, stand einer von uns Schülern Wache. Einer der Vorarbeiter ließ es dann auch gern ruhiger angehen und suchte manchmal die Unterhaltung. Er empfand sich eigentlich als Künstler, weil er in seiner freien Zeit viel malte – Auerhähne im Stil des Vaters von Kommissar Wallander in den Krimis von Mankell, und Landschaften genau nach dem Geschmack des klein- und kleinstbürgerlichen Touristen, an die er seine Werke mühelos verkaufte. Das Gespräch lief dann in etwa so ab: „Geh'st in'd Kirch?" Ich hielt mich vorsichtig bedeckt und murmelte irgendetwas vor mich hin. „Hast a Sünd?" Ich half mir erst einmal mit: „Wieso?", und bekam sogleich zu hören: „Dann hast a no koa Freundin!" Oder: „Wer ist der Wohltäter Europas?" Ich überlegte ernstlich und kam schließlich auf Henry Dunant oder Florence Nightingale, erntete aber nur Hohnlachen. Die richtige Antwort war: „Der Golfstrom." Nachdem so die notwendige Wissenshierarchie zwischen uns hergestellt war, erklärte er mir seine Weltanschauung: „I brauch' koa Kirch, I brauch' koane Pfaffen; mei' Kirch is hier; der Wald is' die Kirch!" „Schau Dir", sagte er, plötzlich ins Hochdeutsche übergehend, „das Gewölbe dieser Äste an", und dann wieder im Normalton: „Da hab' i' mein Gott, mehr brauch i' ned." Im Übrigen wurde nicht viel geredet im Wald. Jeder arbeitete vor sich hin. Hie und da fiel in den Pausen eine Belehrung über, wie sie zu sagen pflegten, „die Weiber" ab und wie man mit ihnen umzugehen habe – was wir Akademiker wohl noch lernen müssten. Aber auch das hielt sich in Grenzen. Allerdings konnte es vorkommen, dass plötzlich der Revierförster auftauchte und mit der Behauptung, das Gelände erklären zu müssen, die Vorarbeiterin, die uns gelegentlich zugeteilt war, um die nächste Wegbiegung führte. Sie kam dann nach einer halben Stunde allein und betont lässig, aber leicht erhitzt und etwas verlegen lächelnd zurück, während wir forciert die Schaufel und das Beil schwangen, denn wir mochten sie.

In einem der Jahre war meinem Trupp auch ein älterer, fein und grazil wirkender Hilfsarbeiter zugeteilt, ein Kleinbauer, der sich im Nebenerwerb zeitweise beim Forst verdingte. Er war freundlich und zurückhaltend, wirkte nachdenklich und hielt sich etwas abseits. Als er hörte, dass ich vom Boarhof kam, begann er, zu meiner Überraschung, etwas mühsam, Hochdeutsch mit mir zu sprechen, und brachte schließlich die Rede auf meinen Großvater. Das war des Rätsels Lösung. Seine Hochachtung vor ihm war so groß, dass der Respekt auch vor dem siebzehnjährigen Enkel eine gepflegte Sprache verlangte. Das ließ sich natürlich nicht lange durchhalten, doch machte es mich sowohl stolz als auch befangen. Allerdings erleichterte es mir nicht – auch auf längere Frist –, die historisch-moralische Last des Großvaters auf meiner Schulter weniger schwer zu nehmen.

Spätere Ferienjobs waren dann sehr viel weniger anstrengend. Als Schlossführer in Nymphenburg musste ich vor allem lernen, mir in der Schönheitengalerie König Ludwigs I. Fragen insbesondere der Besucherinnen zu jeder einzelnen der 25 porträtierten jungen Frauen vom Leib zu halten, sowie gelegentlich Wutanfälle von frustrierten Touristen zu ertragen. Eines schönen Sonntagmorgens zum Beispiel fuhr ein apoplektisch aussehender Engländer vor, dem ich erklären musste, das Schloss sei wegen eines Konzerts für drei Stunden gesperrt. Er suchte einen Augenblick nach dem schärfstmöglichen Ausdruck für seine hochschießende Wut und stieß dann, hochrot im Gesicht, hervor: „You began the War!" Als Student in Basel trug ich vor Weihnachten Post aus, und zwar im damals noch recht proletarisch-kleinbürgerlichen Kleinbasel am östlichen Rheinufer. Manchmal schickte mich mein unendlich langsamer, aber auch gutmütiger Chef Jacob, der hier jahrein, jahraus als Postbote diente, außerhalb des zwischen uns beiden vereinbarten Turnus in eines der stattlicheren neuen Büro- oder Wohnhäuser und schaute mich erwartungsvoll an, wenn ich zurückkam: Er wollte schon wissen, ob mir das besonders große Trinkgeld, das ihn dort erfahrungsgemäß erwartete, auch wirklich in die Hand gedrückt worden war. Nachdem ich dann in meinem ersten Münchener Semester eine Hilfskraftstelle am Historischen Seminar bekommen hatte, konnte ich mich selbst finanzieren und war – außer mit der Münchener Wohnung – auf elterliche Unterstützung und sonstige Jobs nicht mehr angewiesen.

Die Kirche im Dorf –
Volksreligion und geistliche Herren

In den 1950er-Jahren nahm die Kirche noch eine Stellung im Alltagsleben und vor allem im Festkalender der örtlichen Bevölkerung ein wie die sprichwörtliche Kirche im Dorf. Diese überragte schon rein baulich mit ihrem stattlichen Schiff und dem langgezogenen und markanten Zwiebelturm die niedrigen Bauern- und Geschäftshäuser der Umgebung. Auch als der Unterwirt, neben der Kirche gelegen, aufstockte und mit neuer Lüftlmalerei zu repräsentieren begann, behauptete sich das Gotteshaus unangefochten als architektonischer Mittelpunkt. Der Bischof von Chiemsee hatte hier 1393 eine erste kleine hölzerne Kapelle errichtet, 1689 wurde sie umgebaut. 1718 zerstörte ein Blitzschlag das Gebäude weitgehend, danach wurde ein Neubau aufgeführt, der bis zum Jahr 1911 seinen Dienst tat. 1911 wurde er abgetragen und durch die jetzige Kirche in einem sparsamen, mit Jugendstilelementen versetzten Neubarockstil ersetzt, mit Sinn für Ausstrahlung nach außen, begünstigt durch die leicht erhöhte Lage am Übergang vom nördlichen Hausberg mit dem steilen Wasserfall des Hausbaches zum Talboden. Vom Kirchplatz führt eine wirkungssichere, breit gelagerte Freitreppe zum Portal hinauf. Die Innenausstattung war eher unauffällig. Am Scheitelpunkt des Chorbogens machte ein prächtiges Wappen der Freiherren von Cramer-Klett darauf aufmerksam, dass eine größere Stiftung der Nürnberger Unternehmerfamilie, die im späteren 19. Jahrhundert geadelt worden und in den Besitz des nahe gelegenen Schlosses Aschau gelangt war, zur Finanzierung beigetragen hatte. Eine Renovierung 1962/63 beseitigte den Schmutzfirnis der vergangenen Jahrzehnte von den Wänden, man trug, wo möglich, neue Goldfarbe auf und reaktivierte sogar ein paar ältere Heiligenfiguren vom Dachboden. Der Kirchenraum bekam dadurch etwas Adrettes, aber auch Lichtes. An großen Festtagen konnte er mit der etwas talmihaft-historisierenden Ausstattung im Verein mit den Goldgewändern der Priester, den roten, weißgesäumten Umhängen der Ministranten und den satten Farben der männlichen und weiblichen Trachten der Gläubigen sogar einigen Glanz ausstrahlen, selbst wenn er nicht ganz stilsicher schien. Nördlich des Kirchenareals liegt der Pfarrhof, ursprünglich ein Bauernhaus, dessen Tenne ebenfalls um 1960 zu einer Gemeindebibliothek umgewandelt wurde. Südöstlich an das Chorhaus angrenzend erstreckt sich in leichter nordsüdlicher Hanglage der Friedhof.

Auch ein evangelisches Kirchlein gibt es, 1936 etwas außerhalb des Ortes errichtet, und an einen steilen Südhang gelehnt, schlicht und der Umgebung angepasst. Gottesdienste fanden darin allerdings nur alle 14 Tage oder vier Wochen statt, da der Pfarrer eigentlich in Marquartstein saß, dort auch in der Oberrealschule für den Unterricht zu sorgen hatte und für mehrere Gemeinden zuständig war. Die Mutter besuchte den Gottesdienst unregelmäßig zwei- oder dreimal im Jahr, sie konnte den – sehr norddeutschen – Pfarrer, der wohl ein guter Militärgeistlicher gewesen war oder hätte sein können, nicht leiden.

Dass sich unter der unauffälligen Decke einer durchschnittlichen religiösen Erziehung in der Familie ein konfessioneller Konflikt verbarg, enthüllte sich erst sehr allmählich bei seltenen mütterlichen Erzählungen und auch anlässlich der einen oder anderen Predigt in der katholischen Kirche. Der Vater war seiner altösterreichischen Herkunft entsprechend katholisch, aber scharf antiklerikal und als Physiker rationalistisch-agnostisch – was nicht ausschloss, dass er gerne den Satz Albert Einsteins zitierte: „Gott würfelt nicht." Zudem kehrte er gern einen säku-laren Kulturkatholizismus hervor, erzählte den Kindern von der Kulturleistung der Klöster, hob den universalen Charakter des kirchlichen Latein hervor, hörte am Ostersonntag um zwölf Uhr die Übertragung des päpstlichen Segens „urbi et orbi" mit dem mächtigen Glockenklang vom Petersdom im Hinter-grund und empörte sich, als das Zweite Vatikanische Konzil den volkssprachlichen Gottesdienst einführte und die Liturgie demokratisierte. Das Lateinische als Klammer des universalen katholischen Kulturzusammenhangs preiszugeben, erschien ihm als Akt der Barbarei und der Selbstaufgabe.

Die Mutter war protestantisch, kam aber selbst aus einer interkonfessionellen Ehe. Ihr Vater war als gebürtiger Passauer katholisch und zudem bei den Benediktinern in Kloster Metten und später in St. Ulrich und Afra in Augsburg zur Schule ge-gangen. Die Großmutter aus einem Nürnberger Kaufmanns-geschlecht war protestantisch. Die Eltern hatten sich angesichts der deklarierten Ungläubigkeit meines Vaters scheinbar pro-blemlos für die protestantische Kindererziehung entschieden. Mein Taufpate sollte der Erlanger Theologe und Kirchen-historiker Walther von Löwenich werden, ein Vetter zweiten Grades meiner Mutter, theologisch der Vertreter eines liberalen Luthertums. Als es aber ernst wurde mit der Entscheidung der Familie, erst einmal nicht wieder nach München zurückzu-ziehen, kamen dem aufgeklärt-agnostischen Vater doch schwere Bedenken. Die Kinder sollten im oberbayerischen Dorf nicht religiös isoliert aufwachsen und wurden daher dann doch ka-tholisch getauft. Die vorher recht lebhaften Beziehungen zum Taufpaten kühlten ab und erwärmten sich auch später nicht wieder. Innerfamiliär wurde die gestörte Beziehung zum Onkel Walther allerdings nicht auf ihn, sondern auf seine Frau zurückgeführt, eine Schwester des späteren Hamburger Startheologen Helmuth Thielecke, über deren soziale Arroganz und geistige Limitiertheit zahlreiche Geschichten kursierten. Ihre Heirat selbst soll unter starkem Druck des Bruders zustande gekommen sein, der sich Sorgen über die Eheaussichten seiner Schwester gemacht haben muss. Als sie und Onkel Walther einmal zu zweit und unbeaufsichtigt beisammensaßen, sei – so die Familienfama – der Bruder plötzlich ins Zimmer gestürzt und habe seinen Studienfreund angeschrien: „Du hast meine Schwester kompromittiert. Jetzt musst Du sie auch heiraten." Onkel Walther seinerseits war der Sohn von Tante Lina, einer uralten, gebückt am Stock gehenden, aber rüstigen und unbeugsamen Dame, die regelmäßig die Vorlesungen ihres Sohnes zu besuchen pflegte. Kam sie zu mehrtägigem Besuch nach Reit im Winkl, so wurde sie immer als große Geschichtenerzählerin angekündigt. Nach einigen Kostproben ihres endlos ausschweifenden Fabulierens verweigerte ich als Sechsjähriger allerdings das Stillsitzen – und Zuhörenmüssen. Bei meiner Mutter hinterließ der abrupte Kurswechsel des Vaters in der Konfessionsfrage der Kinder eine nie ganz verheilte Wunde, obwohl sie alles andere als kirchengläubig war.

Mein Vater betrat die Kirche nur an den hohen Festtagen, wenn meine Mutter und ich im Kirchenorchester mitspielten, sie mit der Geige, ich mit dem Cello. Er saß dann auf der zweiten Empore ganz im Eck, dort, wo das Dach sich einwölbt. Gleichwohl strebte auch er, wie die meisten Bauern des Ortes, jeden Sonntag zur Zeit der Messe zur Kirche, das heißt genauer: zur Kirchgaß. Das Wort Kirchgaß bedeutete zweierlei: den geräumigen Platz vor der Kirche, aber auch die soziale Praxis der Unterredungen, die dort am Sonntagvormittag stattfanden. Bis zur Aufgabe der Landwirtschaft 1956 fiel auch für ihn manches zum Bereden an: In Umlauf zu bringen war etwa, wenn ein Knecht oder eine Magd gesucht wurde oder wenn man ein neues Pferd brauchte. Auch Holzkäufe, -verkäufe und -transporte wurden hier zumindest angebahnt oder endlos vorbesprochen. Einer der gesuchtesten Männer auf der Kirchgaß war daher der Oberforstsekretär Franz Höflinger. Der schmale, weißhaarige alte Herr hatte im Ersten Weltkrieg in Frankreich einen Steck-schuss ins Bein abbekommen, musste sich daher immer wieder kleineren Operationen unterziehen und ging deshalb am Stock, strahlte aber gleichwohl große Autorität aus.

Aber auch wessen Sache das lange Stehen und Reden nicht war, konnte sich auf die Kirchgaß verlassen. Mein Vater saß am Sonntag zwischen zehn und elf Uhr, also während der Messe, beim Oberwirt nahe dem Eingang und trank eine Tasse Kaffee. Wenn dann der Gesuchte nach dem Stehkonvent draußen hier vorbeikam, um in den inneren Räumen des Wirtshauses sein Bier zu trinken, konnte man ihn bei dieser Gelegenheit fassen und sprechen. Schwierig wurde es, wenn der Gesuchte nicht beim Ober-, sondern beim Unterwirt verkehrte. Dann galt es, ihn gezielt aufzuspüren, was in manchen Fällen nicht leicht war. Der Sägewerksbesitzer Penzmüller z.B. war manchmal mehrere Sonntage hintereinander einfach nicht anzutreffen – wahr-scheinlich nicht nur für meinen Vater. Es war dann meist die Bezahlung einer Holzlieferung aus dem Forstrecht anzumahnen. Es gab Zeiten, in denen der Penzmüller – wie manch anderer in ähnlicher Lage, so mein Vater – am Sonntagvormittag wie vom Erdboden verschluckt war.

Ansonsten gab es auf der Kirchgaß durchaus Fluktuation, wenn auch nicht sehr viel. Der ein oder andere der umher-stehenden Männer fand tatsächlich gelegentlich den Weg durchs Portal in die Kirche, rechtzeitig oder auch nicht zu bestimmten

Momenten des Messritus, nur möglichst nicht zur Predigt. Die meisten erwiesen dem Tag des Herrn nur vor der Kirchentüre ihre Referenz. Als dann der Pfarrermangel seine ersten Schatten vorauszuwerfen begann, entsandte das Ordinariat in München einmal einen Pfarrer Bargon aus der norddeutschen Diaspora, der mit den oberbayerischen Bräuchen nicht vertraut war. Eines Sonntags trat er während der Messe vor die Kirchentür und forderte die Herumstehenden auf, sich doch gefälligst in die Kirche zu begeben. Einen solchen Fehler machte er nie wieder.

Blasse Gestalten waren die Dorfgeistlichen alle nicht. Pfarrer Wiesheu, in meinen Volksschuljahren auch für den Religionsunterricht zuständig, stammte aus sehr einfachen, bäuerlichen Verhältnissen und war auf dem damals noch üblichen Weg über die Förderung durch seinen Dorfpfarrer in die Priesterlaufbahn gelangt, obwohl sein eigentliches Interesse der Geologie galt.

Pfarrer Wiesheu

97

An Sonntagnachmittagen und Montagen konnte man ihn gelegentlich, deutlich entspannt, auf den umliegenden Bergen bei steinkundlichen Exkursionen antreffen, über deren Ergebnisse er sogar eine kleine Publikation vorlegte. Weder der Unterricht noch die Predigt lagen ihm, von der eigentlichen Seelsorge ganz zu schweigen. Im Dorf begann seit Anfang der Fünfzigerjahre der Fremdenverkehr zu florieren und damit auch das zum Wintersportort gehörende Vergnügungsleben. Der Pfarrer kämpfte dagegen immer wieder mit einer sonntäglichen Philippika an, was seine Beliebtheit in der Gemeinde nicht gerade förderte. Zudem nahm ihm das Dorf übel, dass er am Kriegsende die Aufnahme von Flüchtlingen in den geräumigen Pfarrhof verweigert hatte, während überall sonst, wo es ein paar freie Quadratmeter gab, Flüchtlinge einquartiert worden waren. Als ich eines Tages zu Hause erzählte, der Pfarrer habe gegen die „Mischehe" gepredigt, brauste der Vater auf und machte Anstalten, ihn augenblicklich zur Rede zu stellen, war aber auf mein inständiges Bitten hin doch bereit, davon Abstand zu nehmen. Das hätte mir gerade noch gefehlt, ein vermutlich lautstarker Streit zwischen meinem erzürnten antiklerikalen Vater und dem starrsinnigen und von der neuen Zeit überforderten alten Pfarrer, der auch noch mein Lehrer war. Den Schulkindern stand der geistliche Herr hilflos gegenüber. Er ertrug deren Unaufmerksamkeit und lärmendes Treiben aber meist geduldig, bis zu dem Moment, in dem er sich in einem rasenden Wutanfall Luft verschaffte. Einmal traf es auch mich, einen im Unterricht meist nicht sehr umtriebigen Schüler. Ich hatte von irgendwoher einen grünen Plastikgrashüpfer aufgetrieben. Er wurde mit einem Saugnapf am Boden angedrückt und wenn sich der Druck ruckartig löste, sprang das Gerät bis zu einem Meter hoch in die Luft. Dieses Spiel trieb ich nun während des Religionsunterrichts hingebungsvoll vom Boden neben meiner Schulbank aus, bis der Pfarrer plötzlich auf mich zustürzte, mich an den Haaren packte, und meinen Schädel mehrfach auf die Schulbank schlug. Ich kam unbeschadet davon und konnte dem Mann nicht einmal böse sein, hatte ich doch in den wenigen Sekunden des Übergriffs einen tiefen Einblick in die gequälte Existenz dieses Geistlichen gewonnen.

Für seine letzten Amtsjahre hatte das Ordinariat dem Pfarrer einen jungen Kaplan beigesellt, der in der Gemeinde rasch Furore machte, weil er dem Klischeebild eines weltfremden Geistlichen in keiner Weise entsprach. Kaplan Niegel war dynamisch und weltoffen, eine gewinnende Persönlichkeit, ein vorzüglicher Prediger und Lehrer, gelegentlich kam er sogar im Bayerischen Rundfunk mit seelsorgerischen Ratschlägen zu Wort. Wenn er predigte, füllte sich die Kirche deutlich mehr als beim alten Pfarrer. Eines Tages erschien er bei meiner kranken, seit Jahren schwerkranken Großmutter auf dem Hof, obwohl diese evangelisch war, und schaffte es, der vom Schicksal schwer heimgesuchten Frau einen Trost zuzusprechen, der lange vorhielt. Die Ausstrahlung des Mannes und seine unkonventionelle Art konnten freilich nicht ohne Folgen bleiben. Eines Tages begann das Gerücht zu kursieren, das vaterlos gebliebene Kind einer jungen Frau stamme von ihm. Dagegen war auf die Dauer einfach nichts auszurichten – schon gar nicht, indem der alte Pfarrer schließlich der Gemeinde von der Kanzel herab androhte, die Kirche werde jeden, der dieses Gerücht weiterverbreite, gerichtlich verfolgen. Auch hier blieb letztlich nur der Weg der Versetzung. Nach einigen anderen Stationen landete der Kaplan als Pfarrherr in der Nachbargemeinde Unterwössen. Dass den charismatischen, aber auch gefährdeten Mann dort eine ernsthafte Freundschaft mit Hildegard Knef verband, die in Unterwössen regelmäßig Urlaub machte, sorgte nicht mehr für großes Aufsehen.

Nicht ohne Charisma war auch der Nachfolger des Pfarrers Wiesheu, Pfarrer Gruber. Er hatte zuvor das Spätberufenen-Seminar der Erzdiözese geleitet. Reit war seine erste und letzte eigene Pfarrstation. Er war ein Mann von ungeduldigem, lebhaftem Temperament, der an Fest- und Feiertagen zu großer Form auflief und die christliche Frohbotschaft in freudigen und feurigen Predigten verkündigte. Die geistlichen Mühen der Ebene lagen ihm weniger, stattdessen entwickelte er eine exzessive Reiselust, die er geschickt mit seinem Amt zu verbinden wusste, indem er selbst für seine Pfarrei zunehmend Reisen organisierte und führte. So kamen schon in den späten Fünfziger- und frühen Sechzigerjahren zahlreiche katholische Männer und noch viel mehr Hausfrauen aus Reit in den Genuss einer Bildungsreise vorzugsweise nach Italien zu den geistlichen Stätten, später auch an alle möglichen anderen Orte, die sich irgendwie unter das Etikett einer spezifisch katholischen Bildungsreise zwängen ließen. Vor allem Kurztrips nach Venedig kamen in Aufnahme. Vom katholischen Netzwerk konnte schließlich auch ich profitieren. Als ich für einen zweiwöchigen Studienaufenthalt in Venedig ein Quartier suchte, wies mich jemand auf Pfarrer Gruber und seine Verbindungen hin. Tatsächlich empfahl der mir ein venezianisches Kloster, das auch Reisende beherbergte. Als ich dann an einem Sonntagnachmittag unangemeldet mit einem Freund vor der Klosterpforte stand, erwiesen sich die Zimmer im Kloster zwar als ausgebucht, man führte uns aber durch ein paar Gässlein zu einer dem Kloster bekannten Familie, deren Wohnung über einem der kleinen Kanäle zwischen Dogenpalast und San Zaccaria ein Außenzimmer angehängt war, das wir zu einem vertretbaren Preis mieten konnten. Es war geräumig, allerdings fehlte der Fensteröffnung über dem Kanal das Glas, so dass sich gegen Morgen zu, wenn durch den Wechsel von Ebbe und Flut das Gewässer in leichte Bewegung geriet, der Geruch des Kanals unangenehm bemerkbar machte. Es zeigte sich übrigens an diesem Quartier, das ich in zwei aufeinanderfolgenden Jahren für zwei bis drei Wochen bewohnte, dass es noch ein altvenezianisches Bürgertum gab. Mehrere Male während meines Aufenthaltes versammelte sich die Familie im geräumigen Flur zum Musizieren, man spielte vorzugsweise alte italienische Meister, keinen Bach, Haydn oder Mozart.

In den Genuss der hymnischen Predigten des Pfarrers Gruber kam ich vor allem, weil ich, soweit es sich zeitlich machen ließ, zu den Fest- und Feiertagen im Kirchenorchester als zweiter und häufig einziger Cellist mitspielte. Der Kinderglaube war mir längst abhandengekommen. An seine Stelle war eine altersentsprechende skeptisch-herablassende Neugier gegenüber dem Kulturphänomen Katholische Kirche getreten, ergänzt durch ein zunehmendes kunstgeschichtliches Interesse, das sehr wohl auch eine gewisse Ehrfurcht vor den Artefakten der Kirche gebot. Es war aber vor allem die Musik, die mich auch in den Studienjahren zu Ostern, Weihnachten und Pfingsten auf die zweite Empore der Kirche trieb. Es war bei fast allen Beteiligten ein dilettantisches Musizieren. Der Kirchenchor war immer beisammen, aber das Orchester aus drei oder vier Geigen, einer oder zwei Bratschen, einem oder zwei Celli, gelegentlich einem Kontrabass, einer Pauke und einer Flöte, kam nur zu diesen Anlässen zusammen. Es dirigierte der schon recht alte Direktor der Volksschule Hartinger, der an gewöhnlichen Sonntagen die Orgel schlug. An der Orgel saß dann einer der dynamischen jungen Geschäftsleute am Ort, die erste Geige spielte die bereits erwähnte Baronin von Scanzoni, eine angeheiratete Bürgerliche, die es geschafft hatte, ihr Leben ganz der Musik zu widmen. Die zweite Geige spielten in der Regel Frau Dr. Hardtwig und der

Ziehsohn des Drogisten. Zum Geigenensemble gehörte schließlich noch der Bildhauer Seibold, der den – sehr gelungenen – emblematischen Holzhacker in Erz für den Dorfbrunnen vor dem Gemeindeamt geschaffen hatte, dessen Geigenspiel aber die harte Handarbeit in Erz, Marmor oder Holz nicht ganz verleugnen konnte. Häufig tauchte bei diesen Gelegenheiten auch die ebenfalls bereits erwähnte Emigrantin Frau Feldheim auf, die als Haushaltslehrerin in Manchester lebte und die Weihnachts- und Ostertage meist in Reit im Winkl verbrachte, vermutlich nicht zuletzt wegen der Musik, und übernahm den Bratschenpart. Flöte und Pauke brachten meist Unruhe in den Rhythmus, man merkte den Musikanten an, dass sie nur hier und jetzt zu ihren Instrumenten griffen – zur Flöte der Bruder von Frau Feldheim, zur Pauke der örtliche Schneidermeister. Das Dirigat von Direktor Hartinger zeichnete sich nicht durch besondere Präzision aus, aber man kam immer irgendwie über die Runden, wenngleich sich im Kreis der Mitwirkenden gelegentlich Unmut regte. Besser war es mit einem gelegentlichen Einspringer, einem Steuerberater namens Zeus. Zu den Stärken des Ensembles gehörten die Gesangssolisten – am wenigsten der Sopran der Pfarrköchin – sehr wohl aber Bass und Tenor, beide anfänglich unterrichtet vom ortsansässigen, pensionierten Kammersänger Kraemer. Die Tenorpartie sang ein aus dem Ort stammender professioneller Sänger, der in kleineren Opernhäusern prominente Rollen wie den Tamino in der Zauberflöte anvertraut bekam. Zu den Chorsängern gesellte sich in der Regel unauffällig der damalige Regierungspräsident von Oberbayern, der am Ort seinen Urlaub verbrachte.

Es ist kein Zufall, dass ich über dieses Ensemble relativ viele Worte gemacht habe. Das Musizieren war dilettantisch, hie und da etwas aufgebessert durch das gelegentliche Mitwirken eines halb- oder ganzprofessionellen Akteurs. Nur wer in ähnlicher Weise selbst ein Instrument gespielt hat, kann nachempfinden, wie intensiv das Erlebnis solchen Musizierens sein kann, dem man die Mängel und Fehler der Dilettanten an allen Ecken und Enden anhörte. Ein gut gelungenes „Ite missa est" in der „Nicolaimesse" von Haydn oder ein „Et Incarnatus est" in der „Missa brevis C-Dur K 220/196b" von Mozart oder – mit dem großartigen Tenorsolo – Schuberts „Es-Dur Messe" dringt durch das Ohr in Herz und Hirn und stimuliert auch die anderen Sinne, wenn sich das Gepränge des Festgottesdienstes entfaltet, der Kirchenraum Resonanz bietet und bei dem ein oder anderen selbst die Weihrauchschwaden über der Nase einen Zustand gesteigerter Empfänglichkeit fördern und wenn außerdem noch der Kirchenraum bis zum letzten Stehplatz voll ist.

In der dörflichen Volksfrömmigkeit spielte in der Mitte des 20. Jahrhunderts das Bannen von Ängsten und das Herabbeschwören des göttlichen Segens auf Haus und Flur noch eine große und selbstverständliche Rolle. Eine ganz frühe, schemenhafte Erinnerung bringt mir das Bild angstvoll im Flur versammelter Menschen herauf, einige auch auf der untersten Stufe der Treppe kniend und betend, nach vorne gebeugt, zur Abwehr eines fürchterlichen Gewitters, das über dem Haus tobte. Vielleicht war es während dieses Unwetters, dass die Tante die Kinder angstvoll aus ihren Betten riss, um fluchtbereit zu sein. Jahrzehnte später noch betete sommers allsonntäglich die Kirchengemeinde am Ende des Gottesdienstes den Wettersegen: „Vor Blitzschlag und Ungewitter verschone uns, oh Herr!" Wenn sich an schwül-heißen Sommertagen bedrohliche Gewitterwolken über dem Ort auftürmten, setzte das Wetterläuten der Kirchenglocken ein, ein tönender Appell an den Himmel und seine Heiligen, besonders an St. Florian, das Dorf vor dem Blitzschlag zu verschonen; heute weiß man aufgeklärterweise, dass die Schallwellen der Glocken tatsächlich dazu beitragen können, die in der Luft angesammelte elektrische Spannung abzumildern.

Am Palmsonntag trugen die Buben des Ortes die sorgfältig mit Fähnchen aus Krepppapier geschmückten Palmbäume aus Ästen mit Weidenkätzchen zur Kirche und wetteiferten dabei um die größte und schönste Trophäe. In der Kirche versammelte sich schließlich ein wahrer Wald mit bunten Glanzlichtern, manchmal musste man das eigene Gebüsch aus der Verschlingung mit anderen freikämpfen, wobei dann die ein oder andere der kleinen Brezen aus gesäuertem Teig von den Zweigen losriss und am Boden zerbrach. Der Pfarrer schwenkte weit ausholend seinen Weihwasserwedel und besprengte damit das Gestrüpp. Nach dem Heimweg – der den kleinen Trägern durchaus sauer werden konnte – wurden die Zweige dann hoch über dem Balkon an einem Dachsparren befestigt. Die Mädchen und jungen Frauen bauten vor der Chorschranke ein Körbchen mit Osterspeisen auf, auch diese wurden gesegnet. Am Aufregendsten war allerdings die Feuerweihe am Karsamstag. Die Buben hatten schon im Jahr zuvor einen Baumschwamm gesucht, abgerissen, über den Winter trocknen lassen, und ihn dann an einem starken, etwa ein Meter langen Stück Draht befestigt. Jetzt steckten sie den Schwamm in das geweihte Feuer, das an der Kirchentreppe entzündet worden war, warteten – mitunter recht lange – bis er verlässlich glühte, und brachten ihn dann nach Hause. Damit die Glut auf den oft weiten Wegen nicht verlöschte, galt es, den Schwamm an seinem langen Stiel kräftig durch die Luft zu schwingen, so dass die Funken weithin flogen. Zu Hause versenkten sie den glühenden Schwamm in das schon brennende Herdfeuer – der Segen für den häuslichen Herd war damit gesichert.

Ernsthafte Mühen für alle Hausbewohner brachte dagegen der Flursegen mit sich, der an den Sonntagen nach dem Weißen Sonntag auf die Felder rund um den Ort herabbeschworen wurde. Vier Sonntage lang bewegten sich Prozessionen von der Kirche aus jeweils in eine der vier Himmelsrichtungen. Kapellen oder Marterl am Wegesrand waren zuvor mit frischen Birkenreisern und Blumen geschmückt – so ähnlich wie, aufwändiger und prächtiger, später im Jahr die Stationen der Fronleichnamsprozession. An den Kapellen hielt der Zug kurz inne zum Gebet – kleine Pausen in der mühsamen, zwei- bis dreistündigen Wanderung über die Feldwege der Umgebung, angeführt vom Pfarrer mit der Monstranz in den Händen, symbolisch geschützt und optisch hervorgehoben durch einen Baldachin, dessen vier Stützen Mitglieder einer Gebetsbruderschaft hielten, gefolgt von einer oder mehreren Holzskulpturen von Heiligen, ähnlich wie eine Sänfte getragen.

Prozession

Daran schlossen sich dann die Betenden an, zuerst die Männer, dann die Frauen, dann die Kinder. Manchmal brauchten die Arme des Pfarrers Entlastung, dann übernahm der Kaplan oder der älteste Ministrand vorübergehend die Monstranz. War der Weg wegen der manchmal sehr ausgedehnten Regenpfützen ungangbar, so kam der Baldachin ins Schwanken oder verlor seine Richtung. Es dauerte dann längere Zeit, bis der Zug seine Form wiedergefunden hatte.

Üblich war, dass die Bewohner der Fluren, durch die sich die Prozession jeweils bewegte, zumindest am eigenen Teilstück des Wegs am Bittgang teilnahmen; uns Kindern wurde erlaubt, uns einige hundert Meter vor dem eigenen Anwesen in den Zug einzureihen und ihn nach einer entsprechenden Schamfrist wieder zu verlassen. Es gehörte sich aber eigentlich das Mitgehen zumindest bei einer oder zwei Prozessionen auch in die anderen Himmelsrichtungen. Die Aufmerksamkeit der Teilnehmer beschränkte sich freilich nicht auf das Herbeiflehen des Segens, sondern richtete sich gerne auch auf den Zustand der durchwanderten Fluren und der am Wegesrand gelegenen Häuser, Gärten und Schuppen. Beim Bittgang kam die Stunde der Wahrheit für die Geordnetheit des Hauswesens. Bis dahin mussten das Äußere des Hauses und der Garten in einen sichtbar gut bewirtschafteten, properen Zustand versetzt sein. Das konnte an den Tagen davor zu hektischer Arbeit führen. Es galt, den Garten umzugraben und zu bepflanzen, winterliche Schäden an Haus und Tenne zu beseitigen, Zäune zu setzen. Andernfalls musste damit gerechnet werden, dass die Murmelnden ihre Gebete unterbrachen, sich mit einem kurzen Wink des Kopfes auf diese Zaunlücke oder jene noch nicht weggeräumten Sparren aufmerksam machten, dazu ihre Kommentare abgaben und über das Gesehene alsbald ihren Nachbarn berichteten.

Zu den magischen Segensbeschwörungen gehörten im katholischen Dorf damals – wie vielfach auch heute noch, mitten im tiefsten Winter, am 6. Januar, dem Dreikönigstag – die Kreidezeichen der Anfangsbuchstaben der Heiligen Drei Könige, Caspar, Melchior und Balthasar, zwischen die Zahlen des gerade erst eingeläuteten Neuen Jahres (etwa: 19+C+M+B+50) oben an der Tür aller in Haus und Hof hineinführenden Zugänge anzubringen und dazu ein Weihrauchgefäß zu schwenken. Auf diese Weise sollten böse Geister vom Betreten des Hauses abgehalten werden. In der Vierziger- und Fünfzigerjahren war das Umwandern des Hofs ein mühsames Geschäft, weil sich an den Wänden oft meterhohe Schneewehen oder -wälle aufgetürmt hatten. Bis zur Aufgabe der Landwirtschaft 1956 begleitete ich den Baumeister bei diesem Rundgang. Danach hielt mein Vater eisern an diesem Brauch fest. Einmal mehr fiel der Familie dabei auf, in welchem Maß der agnostische Vater den Glauben durch ebenso hartnäckige wie wunderliche Formen des Aberglaubens ersetzt hatte oder, wie in diesem Fall, auch nur eine schöne Tradition pflegte.

Anschaulich und handfest war der Religionsunterricht in der Volksschule. Vor meinem inneren Auge tauchen Schautafeln auf mit Szenen aus der Lebensgeschichte des Jesusknaben sowie die eindrucksvolle Darstellung eines Schutzengels, der ein ängstliches Kind sicher über einen brüchigen und geländerlosen hohen Brückensteig geleitet. Früh schon weckte der geistliche Unterricht aber auch Angst, präzisiert in der Furcht vor den Höllenqualen ewiger Verdammnis, Furcht vor der göttlichen Strafe, wenn man vor der Beichte nicht auch die verborgenste sündige Regung aus den letzten Seelenwinkeln hervorgezerrt hatte. Unbeschwerten Gemütern mag das Beichten und die schließlich erteilte Absolution tatsächlich das Gewissen zeitweise erleichtert haben. Neuere Lehren der Religionssoziologie behaupten (Alois Hahn), dass das Beichten die Lebensführung der Katholiken im Vergleich zur Strenge des Protestantismus erleichtert habe, der den Gläubigen mit seiner Gewissenslast allein ließ – eine mit realer Erfahrung kaum beschmutzte Theorie. Das Erzeugen von Furcht war ein substanzielles Element katholisch-religiöser Unterweisung. Über deren Folgen hilft auch die eigentliche christliche Frohbotschaft nicht hinweg, zumal die Passion und der Opfertod Christi nun einmal den Kern des Heilsgeschehens darstellen und die Festlichkeit des katholischen Feiertages sich immer auf diesem dunklen Hintergrund entfaltet.

Freilich unterschied sich der religiöse Unterricht schon damals je nach Person und Generation des Unterweisenden und nach vorausgesetztem Bildungsstand. Jüngere, aufgeschlossene und sympathische Kapläne hellten das düstere Bild des katholischen pfarrherrlichen Milieus deutlich auf. In den letzten Klassen der Oberrealschule etwa gab der von allen geschätzte Marquartsteiner Kaplan und Religionslehrer, mehr ein sachlicher und liberaler Lehrer als ein feuriger Verkünder, von allen nur „Der Vatikan" genannt, eine gründliche Einführung in die Prinzipien moderner Bibelkritik und die Historizität der Evangelien.

Am Ende der Schulzeit in Marquartstein erlebte ich dann aber bei einem weithin bekannten Kirchenfürsten auch noch eine prägnante Kombination von Intellektualität und druckvollem katholischem Machtbewusstsein. Julius Kardinal Döpfner, Erzbischof von München-Freising und einer der Koordinatoren des Zweiten Vatikanischen Konzils, hatte sich zu Besuch angesagt. Munter planten mein Freund Severin Müller und ich in unserer Eigenschaft als Redakteure der Schülerzeitung ein Interview mit dem Kirchenfürsten. Tatsächlich trat der Kardinal nach einem längeren Rundgang durchs Gebäude in das Zimmer, in dem wir warteten.

Ich erinnere mich leider nicht mehr an unsere ersten Fragen, aber sie waren sicher nicht besonders provokativ. Gleichwohl wurden wir angeherrscht, wir kämen ja daher, wie Journalisten von der ZEIT – und erst als wir nach längeren scharfen Ausführungen über die Ungehörigkeit unseres Auftretens betreten und eingeschüchtert genug waren, fand sich der große Mann zu ein paar Antworten bereit. Natürlich muss ein Kardinal und Konzilskoordinator nicht unbedingt Fragen achtzehnjähriger Schüler beantworten, die Journalist spielen – wir schreiben auch erst das Jahr 1962 oder 1963. Aber etwas mehr Gelassenheit hätte man schon erwarten können. Der gelehrt-liberale Kaplan, „Der Vatikan", beobachtete schweigend und mit unbewegtem, aber sehr blassem Gesicht die Szene, auch dem Direktor der Schule sah man sein Unbehagen an. Wenig später ließ er uns zu sich rufen und entschuldigte sich für den Auftritt des Oberhirten: Der habe wohl in seiner Amtszeit in Würzburg schlechte Erfahrungen mit der Presse gemacht und so müsse man ihm sein Verhalten nachsehen.

Interview mit Kardinal Döpfner

Schülerdramen und -freuden

Bücher waren ein sustanzieller Bestandteil des Haushalts im Baierhof, und mit Bilderbüchern wurden die Kinder von früh an versorgt.

Auf dem Balkon

In der stolzen Gewissheit ihrer eigenen schulischen Spitzenleistungen und mit überzogenen Erwartungen an die Begabung und Reife ihres Sohnes waren sich meine Eltern zumindest darin einig, bei dem im November geborenen Sohn die Einschulung noch im fünften Lebensjahr durchzusetzen, was dann vier Jahre später die Versetzung auf die Oberrealschule mit neun Jahren nach sich zog. Das war eindeutig eine Fehlentscheidung, die nicht wenig zum Desaster meiner frühen Schülerjahre auf der Oberschule beitrug. Aus den Jahren des Volksschulbesuches ist mir wenig im Gedächtnis geblieben: die Schautafeln mit Szenen aus dem Leben des kleinen Jesus im Religionsunterricht; absurde Konvulsionen am Körper des fülligen und auch schon recht alten Lehrers, wenn er in einer der wenigen Turnstunden Brust-heraus-Bauch-hinein üben ließ und versuchte, die Prozedur vorzumachen; seine kratzige Begleitung auf einer misstönenden Geige beim gelegentlichen Singunterricht; mein aufmerksames Interesse hingegen im Heimatkundeunterricht, wenn im Sandkasten Ursprung und Verlauf unseres Heimatstromes, des Flüsschens Lofer, demonstriert wurden.

Freude über ein Bild

111

Große Hürden gab es bei alledem nicht zu nehmen. Fest in der Erinnerung sitzen mir allerdings die gelegentlichen körperlichen Züchtigungen, die in den frühen Fünfzigerjahren in den bayerischen Volksschulen noch zum Alltag zählten. Den Gewaltausbruch des Pfarrers habe ich schon erwähnt, aber auch den Lehrern rutschte manchmal die Hand aus. Als Sechs- oder Siebenjähriger erfuhr ich mehrfach, wie schmerzhaft ein kräftiges Ziehen am Haar, besonders über den Ohren, sein konnte. Einmal muss ich als Siebenjähriger den Lehrer, den ich eigentlich gernhatte, so erzürnt haben, dass seine Faust unkontrolliert an meinem Hinterkopf landete, unglücklicherweise genau auf einem hässlichen Abszess. Eiter spritzte und in die getroffene Stelle schoss ein plötzlicher Schmerz. Lehrer Weilmeier eilte

Die Schwestern Gertrud und Fride mit Wolfgang und Christl

zu seinem Verbandskasten, drückte den Abszess aus und behandelte die Wunde mit sachkundiger Hand. Dass ich auf diese Weise plötzlich und unverhofft im Mittelpunkt sorgsamer Aufmerksamkeit des Lehrers und der Mitschüler stand, bereitete mir so viel Genugtuung, dass ich dem Lehrer nichts nachtrug.

Neben solchen spontanen Gewaltausbrüchen gab es aber auch noch die ritualisierte Prügelstrafe. Sie staffelte sich nach der Schwere des Delikts und wurde ausgeführt mit Hilfe des Rohrstocks. Er war nicht immer zur Hand, sondern im Schrank des Rektors verschlossen. In schwereren Fällen hatte der Delinquent ihn selbst dort abzuholen, mit den Worten: „Ich bitte um den Stock." Ins Klassenzimmer zurückgekehrt hatte man dann die flache Hand hinzuhalten, auf die ein, drei oder fünf harte Schläge niedergingen – unter der gespannten Aufmerksamkeit der Klasse. Das war schon sehr schmerzhaft. Jeder, der nach der Exekution auf seinen Platz zurückkehrte, hatte Tränen in den Augen, auch wenn wirkliches Schluchzen mannhaft unterdrückt wurde. Die Mädchen übrigens blieben von dieser Behandlung verschont. Als weniger schmerzhaft, aber demütigender erschien uns die schärfste Form der Bestrafung, das Überlegen über die Bank. Nach dem Ritual des Stockholens hatte sich der Delinquent über die vorderste Bank zu beugen, der Lehrer zog mit der linken Hand die Hose straff und schlug mit dem Stock kräftig zu, wiederum drei oder fünf Mal, an mehr kann ich mich nicht erinnern. Es hing dann von der Konsistenz der Hose ab, wie viel zu spüren war. Persönlich hatte ich eher Glück, weil die kurze Lederhose, die ich trug, die Wucht der Schläge deutlich dämmte. Es hatte mich an meinem achten Geburtstag erwischt, nachdem ich in der Schule offensichtlich besonders aufgekratzt herumgetobt hatte. Lehrer Linner sah keine andere Möglichkeit mehr, verkündete mit leisem Lächeln, dieser Tag werde mir noch länger in Erinnerung bleiben, und schritt zur Tat. Er hatte damit nicht unrecht, tatsächlich ist mir aus der Volksschulzeit wenig mehr in Erinnerung geblieben als diese Prozedur, aber einen wirklichen Groll auf die Lehrer habe ich ihretwegen nicht entwickelt. Sie sind mir in viel weniger düsterer Erinnerung als die ersten Jahre auf der Oberrealschule. Wenn ich aber den bei Rückblicken in diese Zeit gern gebrauchten Satz „Es hat mir nicht geschadet" höre, so fühle ich mich doch unwohl. Wenn ich zu Hause davon berichtete, es habe Tatzen oder Überlegen gegeben, so merkte ich, dass das den Eltern missfiel. Hier zum ersten Mal hörte ich dann auch den Ausspruch „Der alte Nazi". Aber natürlich sollte auch die Autorität der Schule nicht untergraben werden und so ging man zur Tagesordnung über. Im Übrigen hatte mein Vater wenig Grund, sich aufzuregen, denn die Ohrfeigen, die mir der aufbrausende Mann mit seinem vulkanischen Temperament manchmal urplötzlich verpasste, erschütterten Körper und Seele wirklich bis ins Mark.

Mit dem Ausspruch „Der alte Nazi" gingen die Eltern im Übrigen sehr sparsam um. Der Vater verwendete ihn nie, er kannte die örtlichen Verhältnisse auch erst seit Jüngstem. Aber auch die Mutter hielt sich weitgehend zurück. Dass der Ort nicht nur in der Weimarer Republik, sondern vor allem auch anschließend im „Dritten Reich" einen beträchtlichen Aufschwung genommen hatte, ist nicht zu bestreiten und bis heute an den öffentlichen Bauten abzulesen, die zwischen 1933 und 1939 entstanden sind, so das Postamt, der Ausbau der Volksschule, die Sprungschanze, das evangelische Kirchlein. Die Sägewerke am Ort hatten im „Dritten Reich" angesichts des Holzbedarfs der vom Rüstungsboom getriebenen Wirtschaft enorme Geschäfte und Gewinne gemacht, was aber die politische Einstellung ihrer Besitzer nicht automatisch bestimmt hatte. Auch Reit im Winkl hatte natürlich seine NS-Ortsgruppe und seinen NS-Ortsgruppenleiter. Die Familie mied seinen Laden. Gerüchte im Dorf, wer den Großvater bei der Gestapo denunziert habe, hörte ich erst vor wenigen Jahren von einem politisch wachen und über Dorfangelegenheiten bestens informierten Mitschüler. Für mich am fühlbarsten wehte der Geist des „Dritten Reichs" noch durch die Volksschule. Bei dem eingangs erwähnten Erzähler der Heldengeschichte vom Kampf gegen die anrückenden Amerikaner lernten wir Anfang der Fünfzigerjahre die germanischen Monatsnamen, „Hartung", „Julmond" u.s.w. Ein anderer Lehrer sprach in einem Erste-Hilfe-Kurs noch Anfang der Sechzigerjahre von der „im ganzen Reichsgebiet" gleichen Ausrüstung von Krankenwagen des Roten Kreuzes. Die Zurückhaltung der Mutter in dieser ganzen Frage war, so bin ich heute sicher, das Beste, was sie tun konnte, auch wenn ein solches Verhalten bis heute vielfach anders beurteilt wird. Es belastete die Kinder nicht mit einem Wissen, das mit ihrer Lebenswelt kaum etwas zu tun hatte, und trieb sie nicht in unnötige und möglicherweise auch zerstörerische Entfremdungen von den Freunden, Freundinnen und Bekannten. Im eigentlichen Verwandten- und Bekanntenkreis sah das anders aus. Mit dreizehn oder vierzehn Jahren wusste ich über die entsprechenden Vergangenheiten in Grundzügen Bescheid, sah aber auch keinen Grund, davon irgendein Aufhebens zu machen – es sei denn in Form von Fragen an die Eltern selbst.

In der Oberschule, wie man damals sagte, spielte das ganze Thema keine Rolle mehr. Ihre Vorzüge konnte ich allerdings erst in den höheren Klassen genießen. Die Schule war eigentlich ein Glücksfall. Natürlich hätten die Eltern mich auf ein humanistisches Gymnasium geschickt – und das trotz der naturwissenschaftlich ausgerichteten Schulbildung des Vaters. Doch gab es in erreichbarer Nähe nur die Oberrealschule im 15 Kilometer entfernten Marquartstein, eigentlich ein Internat, dessen Schule auch Kinder aus der Umgebung aufnahm. Im Mittelpunkt des ganzen Betriebs stand aber eindeutig das für uns geheimnisumwobene Externe Heim mit seinen Bewohnern aus, wie wir voraussetzten, vornehmen und wohlhabenden Elternhäusern. Bis 1958 waren sie noch in der Burg Marquartstein untergebracht, einer gut erhaltenen Höhenburg, deren Geschichte bis ins 11. Jahrhundert zurück reicht.

Burg und Landschulheim Marquartstein

Sie liegt hoch über dem Ort, mit herrlichem Blick weit ins Achental hinein und ins Flachland hinaus in Richtung Chiemsee, auf dem auch ein heimeigenes Segelboot lag. Ursprünglich war die ganze Anlage ein kleines, aber rasch wachsendes privates Internat gewesen, gegründet 1928 von Hermann Harless. Er war ein Schüler des Schulreformers und Mitbegründers der Landschulheimbewegung im späten Kaiserreich, Hermann Lietz. Bis 1920 wirkte er an der von Paul Geheeb gegründeten

Odenwaldschule, danach übernahm er die Leitung der Neuen Deutschen Schule Hellerau. Sein Konzept war ungeachtet des elitären Grundzugs betont demokratisch, interkonfessionell-christlich und koedukativ ausgerichtet. 1933 zeigte sich auch Harless von der Hitler-Bewegung begeistert und betonte die Nähe seines Reformschulkonzepts zum NS-Weltbild. Später änderte sich das. 1943 wurde die Schule wegen „politischer Unzuverlässigkeit" ihres Gründers und Leiters Harless verstaatlicht und nach dem Krieg als eine von zwei Reformschulen ihrer Art in der Bundesrepublik vom Land Bayern als Staatliches Landschulheim weitergeführt, wobei der klerikale Kultusminister Alois Hundhammer bezeichnenderweise die Koedukation im Heim 1950 wieder abschaffte. Zwei Publikationen von Harless sind besonders aufschlussreich. Bei der ersten handelt es sich um das im lebensreformerischen Eugen Diederichs Verlag, Jena 1919, erschienene Bändchen „Vom deutschen Heiland. Politische Legenden" mit Gedichten in freien Rhythmen unter Überschriften wie „Der Kaiser", „Das Kapital", „Die Studenten", „Der Sinn des Krieges" usw. Als für die Gesinnung des Mannes symptomatisch mögen hier ein paar Verse aus dem Gedicht „Der Reichstag" stehen:

Der Herr blieb stehen über den Kasernen
und sah, was keiner sah: Die Seelennot
der Tausend-Tausend, die entwillt, entwertet,
der Nützlichkeit ihr Bestes schlachten müssen,
Charakterkraft der Kriegsverwendbarkeit. ---
Und in Fabriken sah der Herr hinein,
wo andere Millionen, stumpf, entgeistet,
zum Nutzen Weniger ihr Leben lang
Sinnloses tun um kargen Unterhalt.---

Das zweite Büchlein, 1924 in der Schriftenreihe des Bundes „Entschiedene Schulreform" erschienen, enthält „Erinnerungen aus der Knabenzeit" in Gedichtform. Für den heutigen Geschmack sind sie ebenso unerträglich wie die „Politischen Legenden". Sie dokumentieren aber auch einen pädagogischen Reformimpuls, der das karge Leben zwischen kalten, aber über das flache Land weit erhobenen Burgmauern mit erdnaher Erziehung zu handwerklichen Fertigkeiten, mit einem breiten musischen und Sportangebot und insgesamt mit der romantischen Atmosphäre im Geist der Jugendbewegung verband.

Vom jugendbewegten Geist und dem Reformschulkonzept hatte sich in meinen Schülerjahren einiges erhalten – der Werkunterricht im Schreinern, Töpfern und Gärtnern, das Musik-, Theater- und Sportangebot und die Erziehung der Internatsschüler durch Betreuer. Das spezifisch Jugendbewegte an diesem Konzept schwächte sich in der zweiten Hälfte der Fünfzigerjahre jedoch stark ab. Das Internat zog von der Burg, die zu eng und für die Wirtschaftswunderzeit allzu spartanisch geworden war, in zwei große Neubaukomplexe am oberen Rand des südseitig am Berghang gelegenen Parks. Dieser umgab das sogenannte Neue Schloss, einen umfangreichen Villenkomplex aus dem frühen 20. Jahrhundert, in dem die Schulräume untergebracht waren. Der Umzug führte die Internatsschüler gegenüber der elitären Abschottung, auch in jeweils gesonderten Schulklassen, etwas näher an das niedere Volk der Externen heran und ermöglichte diesen – bei nachmittäglichen Veranstaltungen in einem der Werkfächer, des Orchesters, der Theatergruppe, des Sports oder von Redaktionssitzungen der Schülerzeitung – ein Mittagessen aus der Heimküche. Den rationalen modernen Zeiten fiel bald auch die Morgenfeier zum Opfer, ein obligatorisches viertel- bis halbstündiges Treffen vor Unterrichtsbeginn am ersten Montag des Monats. Lehrer und Schüler hatten sich dafür in der Halle versammelt und dem Vortrag eines Lehrers oder einem von den Musiklehrern dargebotenen Musikstück gelauscht. Zu besonderen Gelegenheiten ergriff der Direktor persönlich das Wort. Einmal hielt ein junger Deutschlehrer eine Rede zur Erinnerung an die Weiße Rose, der mit Christoph Probst auch ein Absolvent des Landschulheims angehört hatte. Für uns Schüler war wohl das Wichtigste, dass der Direktor – auch in der Tradition der reformerischen Landschulheime – selbst bestimmen konnte, welche Lehrer und Betreuer er an seiner Schule haben wollte. Tatsächlich sorgte seine Auswahl für ein ungewöhnlich junges, offenes und interessiertes Kollegium. In den ersten Jahren war ich dringend auf die pädagogische Ein- und Nachsicht dieser Lehrer angewiesen, später dann profitierte ich von dem modernen Unterricht gerade in den von mir bevorzugten Fächern Deutsch und Geschichte und den angebotenen musischen und sportlichen Aktivitäten.

Ungeachtet der tüchtigen und freundlichen Lehrer waren die ersten zwei Jahre für den Neun- und Zehnjährigen dunkel und qualvoll, eingehüllt in eine Atmosphäre von Verzweiflung, vergleichbar der, wie sie literarisch – allerdings für ältere Schüler – in den tragisch endenden Schülerromanen des frühen 20. Jahrhunderts geschildert worden ist. In den folgenden vier Jahren hellte sich diese Finsternis ein wenig auf, danach glitt das Lebensschiff wieder munterer, hie und da vorangetrieben durch den einen oder anderen Strudel neuer Lebensfreude und erste Erfahrungen eigener Möglichkeiten. Ich konnte ahnen, dass ich so hilflos, ohnmächtig und isoliert wie in den vorangegangenen Jahre keineswegs sein musste.

Das Elend der frühen Jahre begann schon mit dem Schulweg. Der Postbus, der die fünfzehn bis fünfundzwanzig Schüler aus Reit im Winkl nach Marquartstein brachte, fuhr im Ort um 6.50 Uhr ab. Im Sommer, mit dem Fahrrad, war der Hinweg bis zur Station in 10 bis 15 Minuten leicht zu machen, im Winter brauchte ich mit dem Rodelschlitten eine halbe, bei nächtlichem Schneefall auch schon mal eine Stunde, dann auf Skiern, die auf dem Rückweg auf den Schultern getragen werden mussten. Für einen Burschen dieses Alters, dem das Frühaufstehen nicht in die Wiege gelegt ist und der sich abends einfach nicht mit den Vögeln schlafen legen konnte, bedeutete dies lange Tage voller Müdigkeit, und, zumindest im Klassenzimmer, immer gefährdete Konzentration. Die 45 Minuten Fahrzeit bis Marquartstein dagegen erwiesen sich von Anfang an als unverzichtbar in der Ökonomie des Tages. Sie boten Gelegenheit, im letzten Moment noch ein paar Latein- oder Englischvokabeln zu pauken und notfalls, natürlich gestört durch das dauernde Schütteln des Busses auf der holprigen Straße, noch die ein oder andere Mathematikaufgabe abzuschreiben.

Das eigentliche Hundeleben begann mit dem Unterricht. In den meisten Fächern hielt ich mich problemlos im Mittelfeld. Mühe machte mir ab der dritten Klasse das Latein. Die wirkliche Schwachstelle dagegen lag von Anfang an in den naturwissenschaftlichen Fächern, Mathematik, Physik und Chemie, die gerade in der Oberrealschule besonders gepflegt wurden. Als Sohn des Naturwissenschaftlers und Privatdozenten für Geophysik an der LMU München hätten mir gerade diese Fächer leichtfallen müssen. Das Gegenteil war der Fall. In den ersten Jahren führte der Hang zum Träumen und zum heimlichen Lesen unter der Schulbank dazu, dass ich die neu gelernten Rechenschritte bald nicht mehr mitmachen konnte und in aussichtslosen Rückstand geriet. Beide Eltern meinten, da könne Nachhilfeunterricht beim eigenen Vater helfen. Diese Versuche wuchsen sich zu traumatischen Erlebnissen aus, die in eine wahre Schulkatastrophe mündeten: die völlige Verweigerung des Lernens, ja überhaupt Mitmachens in diesen Fächern. Bebend vor Ungeduld und Zorn über die Stupidität seines Sohnes saß der Vater neben mir, so dass das selbst für diese Fächer gar nicht so unbegabte Kinderhirn in Schreckstarre verfiel und jede Tätigkeit einstellte. Es dauerte lange, bis meine Eltern begriffen, dass diese Methode zu meinem sicheren Schultod führen musste. Nach etwa einem Viertel des Schuljahrs hatte ich den Anschluss völlig verloren und sah mich außerstande, die Hausaufgaben zu erledigen. Eine Zeitlang half noch, dass mich während der Busfahrt und unmittelbar vor Schulbeginn einer der Mitschüler, ein Sohn des oben genannten Oberforstsekretärs, erstaunlich großzügig und freundlich seine Hausaufgaben abschreiben ließ, aber sobald es dann im Unterricht ans eigene Rechnen ging, stieß ich an unüberwindliche Grenzen.

Zum Schluss wusste ich mir nur noch zu helfen durch pures Fernbleiben von der Schule, also Schulschwänzen. Das wiederum war für den Fahrschüler einerseits einfach, andererseits verlangte es doch einigen geistigen, physischen und seelischen Aufwand. Ein paar Tage lang den kranken Mann zu spielen, fiel nicht weiter auf, anfangs unterschrieb die Mutter, wenn auch zögernd die Krankheitsbestätigung, zumal ich wegen meiner schnell vereiternden Nasennebenhöhlen wirklich häufig krank war. Aber das löste meine Notlage nicht wirklich. Also blieben nur zwei Möglichkeiten. Entweder ich verpasste den Bus – das bedeutete, dass ich mir die Zeit im Ort Reit im Winkl von 6.50 Uhr früh bis nachmittags um 14.45 Uhr, der normalen Heimkehrzeit, selbst vertreiben musste. Oder ich bestieg den Bus, verließ ihn aber nicht mit den anderen Schülern an der Schule, sondern fuhr entweder in den Ort Marquartstein weiter oder, wenn auch selten, bis zur Endstation Prien am Chiemsee.

Bei gutem Wetter gab es die Möglichkeit, zum nächsten Wald-rand zu spazieren und dort das Karl-May-Buch herauszuziehen, eine ausgedehnte Wanderung zu unternehmen, oder diese Varianten in irgendeiner Form zu kombinieren. Bei schlechtem Wetter konnte ich zunächst eine Zeitlang beim Buchhändler Mengedoht unterschlupfen und die rückwärtig gelegene Leih-bibliothek durchstöbern. Das ging aber nicht länger als eine halbe Stunde gut. Es blieb die Möglichkeit, eine Kneipe auf-zusuchen, wofür es aber morgens um sieben oder acht Uhr im oberbayerischen Dorf wenig Gelegenheit gab. So schritt ich vorzugsweise zum Hinterzimmer des Lebensmittelgeschäftes Stöttner, wo zwei freundliche Frauen, Mutter und etwa zwan-zigjährige Tochter, Milch ausschenkten. Da saß ich dann im Winter oder im Sommer bei Regen oder wenn es sonst im Freien zu kalt oder zu ungemütlich war, und las – vor allem Karl May, manchen der Bände drei- oder viermal, vor allem die aus dem Wilden Westen. Die nordafrikanischen, kleinasiatischen und balkanischen Abenteuer sagten mir weniger zu, aus themati-schen Gründen, aber merkwürdigerweise störte mich damals auch schon der penetrante Überlegenheitston des „Franken" und die Veralberung der arabischen Kultur, besonders in der Figur des Hadschi Halef Omar. In „Winnetou", „Old Firehand", „Schatz im Silbersee" usw. fand ich dagegen wenigstens virtuell die ersehnte Freiheit, das Abenteuer, eine, wenn auch etwas dick aufgetragene Menschenfreundlichkeit, und in der narzisstischen Identifikation mit Old Shatterhand eine Kompensation der eige-nen Ohnmacht und Hilflosigkeit. In dieser irrealen Welt war ich tage-, wochen-, manchmal monatelang zu Hause, anders als in der ruhelosen, von strenger und hochmütiger Leistungserwar-tung geprägten Atmosphäre der Familie. Es war die erste große Flucht ins Lesen. Die spätere Entdeckung, dass Lesen nicht notwendigerweise Flucht aus der Realität war, sondern dem eigenen Fortkommen in der Welt sogar nützlich sein konnte, stellte eine wahre Erlösung dar und erwies sich als geeignet, die Dauerspannung zwischen den Anforderungen bürgerlicher Tüchtigkeit und der Neigung zur Evasion in Phantasiewelten zu lindern.

In Tat und Wahrheit bedeuteten die Wochen und Monate des Schuleschwänzens eine albtraumhafte Erfahrung. Zwar konnte ich mich recht unbeschwert der aktuellen Lektüre hingeben oder durch Wald und Wiese streifen, aber das untergründige Wissen um die unvermeidliche Katastrophe des Entdecktwerdens, der Strafe, der danach folgenden qualvollen Schulstunden, des Nichtversetztwerdens und der damit verbundenen Schande lauerten in jedem Winkel der geängstigten Schülerseele. So ging das in der zweiten Klasse der Oberschule fast ein ganzes Jahr, natürlich mit der Folge des Sitzenbleibens. Auch in den folgenden Jahren kam ich nicht ohne gelegentliche Aussteige-Episoden aus, wenn auch nie mehr so lange und so hoffnungs- und aussichtslos. Die Mitschüler wussten wohl, was da vor sich ging, wenn ich nicht mit ihnen ausstieg. Aber ihre anfängliche Bewunderung wandelte sich bald in Unverständnis. Die Lehrer drückten wohl hier und da ein Auge zu, bis es nicht mehr ging. Zum Glück spielte alles tief in der Provinz, im Dorf, und nicht in der Großstadt. Ich mag mir heute nicht vorstellen, wie diese Eskapaden in der Großstadt auf die Dauer hätten gutgehen und so harmlos enden können, wie es dann tatsächlich geschehen ist.

Das Schuljahr des Dauerschwänzens endete, als der Direktor der Schule meine Mutter, die sich gerade in der Münchener Wohnung aufhielt, dort telefonisch aufspürte, – Anfang der Fünfzigerjahre ein dramatischer Vorgang – und sie über mein schon wochenlanges Fernbleiben unterrichtete.

Das zusätzliche, wiederholte Jahr brachte wohl die entscheidende Wende. Zwar blieb ich noch drei bis vier Jahre in den genannten Fächern ein miserabler Schüler und schaffte es auch danach nicht mehr, wirklich brauchbare Mathematik- und Physikleistungen abzuliefern. Wenn es in Mathe wirklich wieder kritisch wurde, halfen mir Nachhilfestunden bei Franz, dem älteren Bruder meines selbstlos-hilfsbereiten Freundes „Joe" Höflinger, über die Krise hinweg. Das Schlimmste war überstanden, freilich alles andere als spurlos. Ein bedrückendes Gefühl von Ausweg- und Hoffnungslosigkeit hatte sich in die Seele eingegraben. Es dauerte lange, bis die natürliche Freude des Heranwachsenden zurückkehrte. Es muss bald nach meinem vierzehnten Geburtstag gewesen sein, dass langsam, aber nachdrücklich, die Einsicht in mir vordrang, in diesem Zustand der Befangenheit und Angst nicht mehr leben zu wollen. Sie setzte Energien frei, die mich rechtzeitig am Tag hinter die Schulhefte trieben und mich dazu zwangen, das Nötige zu erledigen. Zudem fing ich an, manches wirklich wissen zu wollen, auch unabhängig vom Lernstoff der Schule. In meiner Erinnerung kristallisiert sich dieser Umschwung an dem Tag, an dem ich mir in der Buchhandlung Mengedoht, die mir als Leihbibliothek und als Aufenthaltsort in der Schulschwänzerzeit so überaus nützlich gewesen war, Brechts „Dreigroschenoper" und den „Guten Menschen von Sezuan" jeweils in einer schmalen Suhrkamp-Einzelausgabe kaufte, nach dem Nachhausekommen und Mittagessen um drei Uhr erst die Schulaufgaben erledigte und mich dann voller Erwartung auf eine herrlich mit Blick auf den Geigelstein gelegene, von zwei Linden gesäumte Bank setzte, um die Dreigroschenoper zu lesen. Sicher, diese Szene verdichtet einen länger anhaltenden Einstellungswandel in einen markanten Augenblick, doch hält sich meine Erinnerung an diesen Eindruck. Von da an war alles besser. Vor dem Abitur nahm sich einer der Mathematik- lehrer mit kostenlosem Nachhilfeunterricht meiner an. Der Vater revanchierte sich mit einem Exemplar des zweibändigen „Lexikons der Physik", in dem er einige Artikel bearbeitet hatte.

In der Volksschule hatte ich die Schulbank noch haupt- sächlich mit Bauernkindern geteilt. Die Besetzung des Schul- busses zur Oberrealschule nach Marquartstein sah dann aber schon ganz anders aus. Es gab ein oder zwei besonders begabte Bauernsöhne mit verständigen und ehrgeizigen Eltern, aber die Mehrzahl der Schüler aus Reit stellten die Söhne von Fahrern der Postbusse, von Forstbeamten und -arbeitern, von Gemeinde- angestellten und den Volksschullehrern. Dazu kamen die Flücht- lingskinder, darunter auch Offizierswaisen. Die Buben waren eindeutig in der Überzahl, doch das begann sich Anfang der Sechzigerjahre schon deutlich zu ändern.

Das Fahrschülerdasein erwies sich durchaus als Schule fürs Leben. Da auf den fünfzehn Kilometern von Reit nach Marquartstein von Station zu Station neue Fahrgäste ein- stiegen, hieß es für die vorne Sitzenden alsbald, aufzustehen und den Sitzplatz für die Erwachsenen freizugeben. Man saß gestaffelt nach Alter, die Kleinen vorne, die Älteren hinten. Diese Ordnung und das Aufstehenmüssen wurden von den in der letzten Reihe sicher Thronenden unerbittlich durchge- setzt. In den letzten Klassen habe ich mich auch selbst als ein solch fragwürdiger Ordnungshüter betätigt, obwohl ich mich anfangs dieser Hierarchie und ihrer, wie mir schien, Ungerech- tigkeit den Kleinen und Schwächeren gegenüber widersetzt hatte – mit üblen Folgen natürlich. Auch wirklich üble Kon- frontationen kamen vor, die über das übliche Geplänkel und die kleinen Kämpfe um Platz und Rang deutlich hinausgingen.

Das folgende Erlebnis habe ich offensichtlich wegen seines unrühmlichen Ausgangs vollständig aus meinem Gedächtnis gelöscht, es wurde mir erst kürzlich von damaligen Mitschülern wieder in Erinnerung gerufen. Eines Tages stieg auf halbem Weg zwischen Reit und Marquartstein ein uns unbekannter, etwa achtzehnjähriger Bursche zu, der sogleich die jüngsten Mitfahrenden, Buben und Mädchen, verbal und körperlich anzupöbeln begann. Das ging eine ganze Weile so, keiner der Betroffenen wagte sich zur Wehr zu setzten, und auch von den Großen in den hinteren Reihen schritt keiner ein, wie ich es eigentlich erwartete. Schließlich scheine ich die Situation nicht länger ertragen und versucht zu haben, den Burschen an seiner lustvollen Terrorisierung der Kleinen zu hindern. Seine Reaktion muss kurz und heftig gewesen sein, ich bekam einen Boxhieb ab, der meine Kampfkraft – und eben auch die Erinnerung an den Vorfall – komplett auslöschte. Tatsächlich hatte ich mich mit einem übermächtigen Gegner angelegt. Er entwickelte sich, wie mir berichtet wurde, in späteren Jahren zu einem führenden Kriminellen der Region und wurde eines Tages nach der Entlassung aus einem längeren Gefängnisaufenthalt in den Innauen bei Rosenheim von einem Kumpan, den er an die Polizei verraten hatte, erschossen.

In den späteren Schuljahren hatte ich einige gute Freunde, teils aus Reit im Winkl, teils aus dem Nachbarort Unterwössen. Mit einigen war ich auf Bergtouren unterwegs. Ein weiterer, Christian Döllinger, stammte aus der Familie des Theologen und Kirchenhistorikers Ignaz von Döllinger, Anführer des politischen Katholizismus in der Revolution von 1848/49, der von da an bis zu seinem Tod 1890 immer stärker in die Rolle eines weithin gehörten Kritikers des päpstlichen Absolutismus und Spiritus Rektors der Altkatholischen Bewegung hineingewach-

Auf dem Grat zwischen Watzmann-Hauptgipfel und Schönfeldspitze, oberhalb der Ostwand

sen war. Die Bedeutung des Mannes begriff ich allerdings erst nach einigen Semestern Geschichtsstudiums und fragte dann auch, ob etwa noch nicht ausgewertete Quellen im Hause vorhanden seien. Es stellte sich aber heraus, dass alles Wesentliche an die Archive abgegeben und bereits kompetent ausgewertet worden war.

Der dauerhaft wichtigste dieser Schulfreunde, Severin Müller, später dann auch Studienkollege und vor allem in philosophischen Fragen ein großzügiger Mentor und Berater, der schließlich nach einer komplizierten Karriere Philosophieprofessor an der Universität Augsburg wurde, stammte aus einer jahrzehntelang erfolgreichen Schustersfamilie aus dem nahe Marquartstein gelegenen Ort Unterwössen und lebte in einem stattlichen Haus, das sein Großvater um 1900 gebaut hatte.

Mit Severin Müller, 1969

Diese Familie war jetzt aber, da es keine weiteren Nachkommen gab, die die Schusterwerkstatt hätten übernehmen können, in ihrer Existenzgrundlage bedroht. Für meinen Freund war die familiäre soziale Abstiegsperspektive in einem sonst dank des Fremdenverkehrs immer wohlhabenderen Dorf von Anfang an präsent – umso mehr, als er mit seiner früh hervortretenden außergewöhnlichen Intelligenz die sozialen Zusammenhänge und Mechanismen scharf durchschaute.

Bei mir traten diese nach dem Tod der Großmutter 1955 in meinem zehnten Lebensjahr nach und nach, aber bald auch unerbittlich, hervor. Gelegenheit dazu gab es etwa, wenn ich, anders als die meisten Mitschüler, um Unterstützung aus einem schulischen Hilfsfond bitten musste, wenn die Klasse zu einem einwöchigen Skilager im Spertental bei Kitzbühl aufbrach und wenn mein Taschengeld an Ort und Stelle auch nicht ausreichte, um den Skilift zu bezahlen. Dafür kannte ich mich bereits im

Tourengehen mit Fellen an den Skiern aus, eine kleine Kompensation. Zudem war es meinen Eltern gelungen, mir ein soziales Selbstbewusstsein einzuimpfen, das mir in solchen Situationen zuflüsterte, ich sei wegen des Geldmangels keineswegs etwas Schlechteres, vielmehr etwas Besseres als die anderen. Prekär wurde es allerdings auf dem Fußballplatz, meine Eltern erklärten, für Fußballschuhe sei kein Geld da. Zu ihrer Entlastung kann ich nur anführen, dass sie weder vom ackerartigen Zustand des Platzes noch von den rauen Bräuchen der Mitspieler eine Ahnung hatten. So musste ich mir anfangs bei Spielen der Jugendmannschaft des WSV Reit im Winkl Fußballschuhe ausleihen, die mir viel zu klein waren. Die schweren Blutergüsse an Zehen und Fersen, die ich anschließend zu Hause vorwies, erschreckten die Eltern zwar, doch zu richtigen Fußballschuhen reichte es immer noch nicht. Ich bekam neue Allzwecksportschuhe von Adidas, auf die ich dann zur Versteifung wenigstens eine Kappe aus festerem Leder aufnähen ließ. Der wohlwollende Schuster gestaltete sie elegant, schaute mich aber etwas mitleidig an und sagte: „Für Fußballschuhe reicht's wohl nicht, bei Euch da oben." Das „oben" bezog sich hauptsächlich, aber nicht nur, auf den hochgelegenen Hof.

Freund Severin hauste in einem etwas wackligen Anbau im ersten Stock des Unterwössener Hauses, den er zu einem wohnlichen Zimmer mit selbst geschreinerten Regalen ausgestaltet hatte. Diese waren mit einer Vielzahl von Büchern und allmählich auch Schallplatten gefüllt, nebst einer jetzt bereits reichhaltigen und gepflegten Pfeifensammlung. Im Raum schwebte immer ein angenehmer Duft von einem nicht billigen Pfeifentabak. Severin war knapp drei Jahre älter und – nicht nur deswegen – weiter entwickelt und belesener als ich. In seinen Regalen fand ich z.B. Ludwig Reiners „Stilkunst. Ein Lehrbuch deutscher Prosa" von 1943 in der Neuausgabe des Beck-Verlags von 1951 unter dem Titel „Der sichere Weg zum guten Deutsch. Eine Stilfibel". Dass Reiners die Grundidee und ganze Passagen aus der 30. Auflage eines Werks (1922) des jüdischen Autors Eduard Engel übernommen und gleichsam „arisiert" hatte, wusste damals noch kaum jemand, schon gar nicht Schüler im Alter von sechzehn bis achtzehn Jahren. Neben dem Reiners fand ich in Severins Regalen auch Karl-Heinz Deschners „Kitsch, Konvention und Kunst. Eine literarische Streitschrift", München 1957. Deschner ist später in seinem langen Schriftsteller- und Polemikerleben vor allem durch seine unermüdliche Kirchenkritik mit dem zehnbändigen Hauptwerk „Kriminalgeschichte des Christentums", Reinbek 1986ff., bekannt geworden. In seiner literarischen Streitschrift hingegen ging es um die Autoren der Inneren Emigration, wie Werner Bergengrün, Hans Carossa und Ernst Wichert, die in den Fünfzigerjahren den literarischen Markt noch dominierten. Deschner attackierte sie weniger ihrer politischen Haltung als der literarischen Qualität wegen. Die Kritik diente der Durchsetzung der im „Dritten Reich" geächteten und noch immer weitgehend unbekannten Autoren der literarischen Moderne wie Hermann Broch, Alfred Döblin und Hans Henny Jahnn. Ich verschlang dieses schmale Taschenbüchlein, das mir indirekt auch den Weg zu den jungen deutschen Autoren der Gruppe 47 wies. Es hat meinen literarischen Geschmack grundlegend beeinflusst.

Wichtiger als diese Sekundärliteratur war aber, dass ich durch Severins Bücherregale u.a. mit Kafka, Benn, Camus und Sartre bekannt wurde. Zu den stundenlang diskutierten Autoren gehörten – aus heutiger Sicht eher befremdlich – auch Ernst Jünger und Heimito von Doderer. Jüngers „Der Arbeiter. Herrschaft und Gestalt" in der Erstausgabe von 1932 fand ich in der großväterlich-elterlichen Bibliothek als einziges Werk von Ernst Jünger vor – von der Mutter 1936 erworben in ihrem etwas schwärmerischen und übereifrigen Literaturenthusiasmus, wohl ohne rechte Vorstellung vom Inhalt des Buches. Die „Stahlgewitter" standen nicht auf dem Programm, wohl aber die „Marmorklippen". Später, in den Studienjahren, mussten vor allem Jüngers Pariser Tagebücher „Strahlungen" als Stoff für Späße und Parodien herhalten. Die altersuntypische Lektüre der Riesenromane „Die Strudlhofstiege" und „Die Dämonen" von Heimito von Doderer bedienten dagegen eher das Bedürfnis nach anhaltendem Eintauchen in einen halb vertrauten, halb exotischen Erzählkosmos, der es erlaubte, sich heiter über große Zeiträume hinweg aus der bedrängenden eigenen Lebenswelt zu entfernen. Der politische Hochkonservativismus dieser Werke wurde zur Kenntnis, aber nicht weiter ernst genommen.

Bleibende Eindrücke hinterließen die gelegentlichen Theaterbesuche, die in den oberen Klassen von der Schule aus unternommen wurden. Am stärksten ist die Erinnerung an eine Aufführung von Schillers „Don Carlos" in den Kammerspielen mit Peter Lühr als Philipp II. und Hans Michael Rehberg als jugendlicher Held Marquis Posa. Seltsamerweise machte mir das Ringen des alten Königs mit sich selbst und der Last der Verantwortung sehr viel größeren Eindruck als die, wie mir schien, unaufrichtige Pose des realitätsfern schwärmenden Marquis in seinem großen Disput mit dem Herrscher. Als ich zu Hause der Mutter von dem Abend berichtete, zeigte sie sich erstaunt darüber, dass die Inszenierung und szenische Ausstattung in der Regie von Erwin Piscator ganz konventionell im Stil einer herkömmlichen Klassikeraufführung gehalten waren. Piscator, das war doch einer der großen Avantgardisten im Theater der Zwanzigerjahre in Berlin – sagte sie sinngemäß und erinnerte an ihre eigenen Theaterbesuche in den späten Jahren der Weimarer Republik. Als ich etwa um dieselbe Zeit die rororo-Monographie über Brecht in die Hand nahm, bekam ich durch einige Fotos eine Anschauung davon, wie eine solche Inszenierung ausgesehen haben mochte. Bei der mütterlichen Erzählung irritierte mich ein Durcheinander auf der Zeitebene, das ich erst jetzt verstehe. Dass meine Mutter in grauer Vorzeit – denn das war ihre Jugend in der Weimarer Republik für mein Empfinden – Inszenierungen eines Mannes gesehen hatte, der ein gerade erst von mir gesehenes Stück auf die Bühne gebracht hatte, und dass die damaligen Inszenierungen über einen solchen Abgrund von Zeit hinweg moderner gewesen sein sollten als die heutige, verwirrte mich und schien mir irgendwie unglaubwürdig.

Ein andermal fuhr ich mit ein paar interessierten Mitschülern in einem vom Lehrer gesteuerten VW-Bus zu einer Aufführung von Jean Anouilhs „Becket oder die Ehre Gottes" im Münchner Residenztheater. Die Erinnerung an diese Aufführung mit Kurt Meisel und Thomas Holtzmann ist punktuell und konzentriert sich auf die Szene, in der sich die beiden Kontrahenten auf Pferden reitend auf offenem Feld begegnen. Das theatralische Dilemma, Pferde auf die Bühne zu bringen, war für meine Wahrnehmung ebenso überraschend wie genial dadurch gelöst, dass die beiden Protagonisten sich auf Steckenpferden über die Bühne bewegten. Von diesem Einsatz eines ein wenig lächerlichen Spielzeugs zu hehren Zwecken an war mir ein für alle Mal klar, dass alles Geschehen auf der Bühne ein Spiel und dass dessen Aufführung vor allem eine Sache der Imagination und der Phantasie ist.

Eine dritte Unternehmung führte uns ins Werkraumtheater der Kammerspiele zu einer Aufführung der „Flüchtlingsgespräche" von Brecht mit den schon betagten Kabarettisten Willi

Reichert und Werner Finck. Von Finck war uns vorher gesagt worden, dass er im „Dritten Reich" listig mit der Zensur gespielt und seine Spitzen trotz aller gebotenen Vorsicht doch unmissverständlich an ein verständiges Publikum gebracht hatte. Von dieser Aufführung weiß ich nur noch, dass sich die beiden Diskutanten ganz unspektakulär an einem Tisch gegenübersaßen und redeten. Gerade das aber machte mir Eindruck und zeigte, wie groß die Variationsbreite theatralischer Mittel ist und wie wenig Aufwand und Illusionsraum mitunter für theatralische Erbauung und Belehrung nötig sind.

Familiengeschichten mit Großvater

Das Riesendonnerwetter, das ich beim Auffliegen meiner Schulschwänzerei zu Haus erwartet und gefürchtet hatte, ist damals nicht eingetreten. Der Vater war erst einmal ganz aus dem Spiel geblieben. Die Mutter hatte mich ins Gebet genommen, aber sie hatte hauptsächlich nur wissen wollen, ob das, was ihr vom Direktor berichtet worden war, auch stimmte. Die Suggestion, dass ihr Sohn ihr immer und immer wieder Kummer bereite, war ganz verhalten geblieben – wenn auch keineswegs unspürbar. Auch als ich dann erwartungsgemäß das Zeugnis nach Hause brachte, das mir die Versetzung verweigerte, gab es keinerlei Szene.

Es mag hier der Ort sein, etwas ausführlicher von meinen Eltern zu sprechen.

Die Eltern im Winter 1938/39 am Arlberg

134

Eltern erscheinen ihren heranwachsenden Kindern bekanntlich oft als recht problematische Gestalten, damals wie heute. Keinerlei Problem hatte ich mit ihrer politischen Vergangenheit, hier gab und gibt es ihnen nicht das Geringste vorzuwerfen. Aber ihre Erwartungen und Anforderungen lasteten schwer auf mir und machten mir die Schulzeit einige Jahre lang zur Hölle. Vor allem die Mutter belud mich mit weitreichenden Erwartungen in einem Alter, in dem mir als Reaktion nur die Totalverweigerung blieb, ohne noch begreifen zu können, wo eigentlich das Problem lag, außer bei meiner Faulheit. Dass ich nicht dumm sei, hatten die Lehrer meinen besorgten Eltern allerdings immer wieder versichert. Bei vielen meiner Generationsgenossen setzte eine vergleichbare Totalverweigerung erst später im Leben ein, hauptsächlich in ihren Studentenjahren, zu einer Zeit, als das politische Aufbegehren zum guten Ton gehörte und das kulturelle und intellektuelle Zeitklima weithin bestimmte. 1968, in meinem 24. Lebensjahr, hatte ich die härteste Verweigerungs- und Protestphase schon rund ein Dutzend Jahre hinter mir – ob zu meinem Vor- oder Nachteil steht dahin. Jedenfalls war sie so schmerzhaft gewesen, dass ich mir einbildete, davon ein für alle Mal geheilt zu sein – was sich schon bald als Irrtum herausstellen sollte.

Damals hatte ich keine Erklärung für meine Nöte, später schon. Es war der selbstverständliche und in keiner Weise reflektierte Erwartungsdruck gewesen, der mich in diese Isolation und Ausweglosigkeit getrieben hatte, zusammen mit den gewaltträchtigen Rettungsaktionen des Vaters, der sich, wenn er am Wochenende nach Hause kam, auch etwas Schöneres vorstellen konnte, als dem renitenten Sohn das kleine Einmaleins einpauken zu müssen. Im Übrigen waren die Eltern aufgeklärte und liberale Leute. Als ich fünfzehn oder sechszehn Jahre alt wurde, fand ich in der Bibliothek Eduard Sprangers „Psychologie des Jugendalters" (1924), sorgfältig unterstrichen und mit Randbemerkungen der Mutter versehen. Ich konnte daran erkennen, nach welchen pädagogischen Einsichten und Maximen ich erzogen wurde. Es war eine mir unmittelbar plausible, moderne Pädagogik. Wenn meine Eltern bewusst und überlegt entscheiden konnten, so entsprachen sie diesem Leitbild. Nur blieb das die Ausnahme. Normal hingegen und alltäglich war ein unablässiger Erziehungs- und Bildungsdruck auf einer Mentalitätsgrundlage, die unhinterfragt blieb. Man tut der Generation meiner Eltern, also den zwischen 1900 und 1914 Geborenen, wohl kein Unrecht, wenn man behauptet, dass sie in aller Regel unfähig war, ihre eigenen Ängste, seelischen Verletzungen, Traumata und somit auch das Verhältnis zu ihren eigenen Eltern analytisch zu durchdringen. Wie auch! Es wäre angesichts der kulturellen Bedingungen ihres eigenen Aufwachsens wahrhaftig zu viel verlangt, so etwas zu erwarten. Selbstverständlich waren sie der Meinung, stets nur das Beste für ihre Kinder gewollt und getan zu haben, von den zugegebenen ganz „normalen" kleineren Fehlern einmal abgesehen.

So begann das Menschsein für meine Mutter – etwas zugespitzt ausgedrückt – eigentlich erst beim Gebildetsein. Sie selbst hatte von ihrer Kindheit an als die Gescheite und Gelehrte in der Familie Hamm gegolten und hatte diesen Ruf schon früh durch originelle Taten und Sprüche genährt. So stimmte sie als Sechsjährige 1916 bei der Rückkehr von einer Mandeloperation im Krankenhaus vor Freude das „Deutschlandlied" an und fiel als Dreizehnjährige mit dem Spruch auf: „Ein Leben ohne Latein kann ich mir nicht vorstellen" – seither ein Running Gag in der Familie. 1938 hatte sie über „Altfranzösische Gedichte zu Mariae Himmelfahrt" von Bernhard von Clairvaux promoviert.

Bewunderter Doktorvater war der unbestrittene Doyen der damaligen Romanistik, Karl Vossler in München, begnadeter Autor, Vortragender und akademischer Lehrer mehrerer Generationen deutscher Romanisten, von dem denn auch ein markantes Porträtfoto in ihrem Zimmer hing. Ihre Vorstellung von gebildet oder ungebildet griff jedoch weit über bloßes Bildungswissen hinaus. Wenn sie über jemanden etwas Schlechtes sagen wollte – was selten vorkam und deshalb umso eindrücklicher war – so hieß es, „das sind ungebildete Leute", oder „die haben keine Bildung", womit sie gleichsam den Gesamtzustand von Menschen beschrieb. Dieser umschloss u.a. die soziale Herkunft, präzisiert zu: „kleine Leute" – das meinte ungehobelt, unhöflich, nicht hilfsbereit, eng und im Kopf beschränkt – insgesamt eher Leute, die keine Lebensart, als Leute, die keine höhere Schulbildung besitzen. Daher lag ihr Hauptaugenmerk in einer noch ständisch fundierten Umgangserziehung beim Benimm. Dass man literarisch gebildet zu sein und kulturelle Interessen zu haben hatte, verstand sich von selbst, blieb aber in ihren Augen ohnehin auf einen kleinen Kreis des idealiter humanistisch gebildeten Bürgertums beschränkt. In diesem Elitismus lag jedoch nichts von sozialer Kälte und – so sonderbar das klingen mag – gesellschaftlicher Arroganz. Sie hatte nicht die geringsten Probleme im Umgang mit den einfachen Leuten. Fuhr das Auto auf dem langen Weg zwischen Dorf und Hof an irgendwelchen Leuten aus der Nachbarschaft vorbei, so wurde sie zum Einsteigen eingeladen und mitgenommen, oft zum Missfallen des eigenbrötlerischen Vaters. Im Lauf der Jahre entfaltete sie eine ausgedehnte soziale Tätigkeit, indem sie z.B. dafür sorgte, dass eine in vieler Hinsicht bedrängte Kleinbauernfrau aus der Umgebung sich ein paar Wochen im Müttergenesungsheim erholen konnte. Wenn Oberschüler aus dem Dorf in den höheren Klassen Literatur für ein Referat brauchten, so kamen sie zur

Mutter, ließen sich beraten und mit Büchern versorgen. Es war eine liberal-patriarchalische Gesinnung, die das Verhältnis zu den einfachen Leuten am Ort bestimmte, freundlich, manchmal sogar herzlich, immer hilfsbereit, von Grund auf menschenfreundlich und kaum behindert durch Schranken ihres eingefleischten Bildungsdünkels. Wenn diese sich wirklich einmal geltend machten, so wurden sie überspielt durch eine enorme großbürgerliche, soziale Gewandtheit, über die sie sich selbst gar nicht im Klaren war, da sie sich für schüchtern hielt, was sie in ihren jungen Jahren wohl auch wirklich gewesen war.

Diese gesellschaftliche Gewandtheit verließ sie nie – nicht gegenüber der Zugehfrau im Haus, nicht gegenüber Bauern, Handwerkern und Krämern am Ort, nicht gegenüber hohem Besuch aus der Vergangenheit wie Theodor Heuss oder dem ehemaligen Reichskanzler und Reichsbankpräsidenten Hans Luther. Sie hörte sich geduldig die Klagen einer jungen Offizierswitwe an, die sich vom Leben betrogen fühlte, die familiären Irrungen und Wirrungen ihrer alten Bekannten sowie die Krankheitsgeschichten von Nachbarsfrauen. Sie kommandierte aber auch beim Einkauf mit größter Selbstverständlichkeit die Verkäuferinnen eines „besseren" Geschäfts in der Münchner Innenstadt oder verschaffte sich direkten Zutritt zum Regierungspräsidenten von Oberbayern, indem sie auf das gemeinsame Musizieren bei der Christmette in der Kirche in Reit im Winkl hinwies. Ein selbstverständliches Ethos des Helfens verband sich mit der Selbstgewissheit einer herrschenden Klasse, und die Grundlage dieser Selbstgewissheit war die Bildung. Bildung hieß dabei selbstverständlich: Bücher lesen, die Natur genießen, ein Instrument spielen, Kirchen und Museen besuchen – und das alles ganz unerbittlich. Fast mehr noch aber hieß es: Umgangsformen beherrschen und bestimmte Verhaltensformen praktizieren, fleißig sein, niemals die Kontrolle über sich verlieren, in Krisen durchhalten, auch wenn es schwerfällt, an die anderen denken. Wer diesem Weltbild nicht entsprach, wie ich zeitweise als Schüler, der wurde nicht explizit bestraft, dazu war sie zu menschlich, zu modern – zu gebildet. Es gab nur keine Wärme, an der ohnehin nie Überfluss herrschte.

Es gehörte zum stillen und vielfach verzweiflungsvollen Drama dieses Lebens, dass sich die Mutter ihrem unstillbaren Drang, ihr Bildungswissen zu vermehren, zu wenig widmen konnte – musste doch eine Familie versorgt und ein viel zu großes Hauswesen, Hof und Garten nach dem Ende der landwirtschaftlichen Nutzung in Ordnung gehalten werden. Die Mutter war Philologin mit Leib und Seele. Über originelle sprachliche Wendungen konnte sie sich von Herzen freuen, die Liebe zu ihrem Mann ging angesichts ihres Vergnügens an dessen Einfällen und anschaulichen Austriazismen nicht zuletzt durch ihr Sprachzentrum. Auf Reisen wurden Reiseführer und -bücher in großer Zahl mitgeführt, während dem Vater der Blick in den jeweiligen Grieben, ein zu seiner Zeit vielbenutztes, auf die wesentlichen Kurzinformationen beschränktes Büchlein genügte. In der Vorbereitung auf die Dalmatienreisen wurden nicht nur gelehrte Werke über byzantinische Kunst studiert, sondern auch Serbokroatisch gelernt, allerdings mit geringem Erfolg, lag die Sprache doch außerhalb des „römisch-germanischen" Kulturkreises (um einmal den alten Leopold Ranke zu zitieren), in dem sie sich heimisch fühlte.

In ihrer Rolle als junge Lehrerin vor großen Klassen hatte sie sich nicht wohlgefühlt. Aber als sie in ihren Fünfzigern die Gelegenheit bekam, in Marquartstein Nachhilfeunterricht zu geben, lebte sie auf, auch weil sie nun ein wenig eigenes Geld verdienen konnte.

Zudem kam ihr jetzt die Freundschaft mit ihrer Studienkollegin Käthe Brotze zugute, mit der zusammen sie Anfang der Dreißigerjahre zwei Studiensemester an der Sorbonne verbracht hatte. Deren Mann war lange Jahre Assistent und Helfer des umtriebigen Münchner „Theaterprofessors" Arthur Kutscher gewesen, der schon in den Zwanzigerjahren das Unternehmen Kutscher-Bildungsreisen für ein wohlhabendes unternehmungs- und bildungsfreudiges Publikum gegründet hatte. Anfangs noch unter dem für Kenner attraktiven alten Namen führte Brotze nach dem Krieg die Firma selbstständig weiter, die von der Reisefreude und dem wachsenden Wohlstand seit Mitte der Fünfzigerjahre profitierte und sich für kurze Zeit sogar der Marktführerschaft auf diesem Sektor erfreute. Seit den Sechzigerjahren allerdings entstand den Kutscher-Reisen mit dem anfangs noch auf dieselbe, aber jugendliche Klientel spezialisierte Studiosus-Reiseunternehmen eine deutlich preiswertere Konkurrenz, und das Bildungsangebot fand vielfach Eingang in die Programme des Massentourismus. Charly und Käthe Brotze holten also die Mutter als Reiseleiterin in die Firma und machten sie damit ein Stück weit glücklich. Später fand ich in den Reisebüchern aus diesen Jahren zahlreiche Exzerpte oder auf die Rückseite alter Kalenderblätter in winziger Schrift notierte Stammbäume von Herrscherfamilien in den von ihr geführten Ländern und Regionen – Materialien zum Merken und Memorieren.

Teilte die Mutter mit dem Vater die Reiseleidenschaft, so war sie für die musische Erziehung der Kinder allein zuständig. Sie selbst spielte gut Klavier, mäßig Geige, und in unserer Kinderzeit holte sie gelegentlich auch ihre Laute aus der Wohnzimmerecke. Dort lag im Bücherregal auch der „Zupfgeigenhansel", das Liederbuch der deutschen Jugendbewegung in der

21. Auflage von 1921 bereit. Sie organisierte den Klavier- und Cellounterricht sowie manche, angesichts der Abgelegenheit des Orts und der Finanzknappheit der Familie seltene Konzert- und Theaterbesuche und bestand bei Ausflügen und Reisen unerbittlich auf der genauen Besichtigung aller im Führer verzeichneten Kirchen und Schlösser. Tatsächlich sind mir noch ein in kindlichem Alter besuchter, weitgehend unverstandener, aber optisch-akustisch eindrücklicher „Jedermann" von Hugo von Hoffmannsthal auf dem Salzburger, und auf dem Basler Domplatz eine „Jungfrau von Orleans" von Schiller in Erinnerung, ebenso ein vorweihnachtlicher Musik- und Leseabend mit Karl Heinrich Waggerl in dessen Heimatort Wagrein, weit weg im Salzburger Land. Dass die Szenerie und einzelne Momente dieser Veranstaltungen auch nach 65 Jahren noch in meiner Erinnerung auftauchen, spricht immerhin für ihren Bildungswert, und das umso mehr, als mich der Aufwand und die familiäre Aufregung, mit denen sich solche Unternehmungen immer verbanden, eher abschreckten als freudig-erwartungsvoll stimmten.

Am wichtigsten aber war, dass die Mutter in ihren jungen Jahren vieles von jener Literatur angeschafft hatte, die mein jugendliches Gemüt auch noch eine Generation später ansprach: Die Romane und Gedichte von Hermann Hesse in einer handlich-schönen Werkausgabe des Fischer Verlages aus den Zwanzigerjahren, das komplette Werk von Thomas Mann, Christian Morgensterns und Richard Dehmels Gedichte. Die Lyrik um und nach 1900, einschließlich Rilkes und des in der bibliophilen Gesamtausgabe des Bondi Verlags vertretenen Stefan George, war mir eher zuwider, neben Brecht und Benn hatten diese Dichter nichts zu suchen. Aber selbst in den Erinnerungsbüchern von Hans Carossa schmökerte ich noch in den letzten Schuljahren. Das alles war weitgehend gediegene, bürgerliche Literatur und Poesie, so scheint es mir zumindest heute. Hermann-Hesse- und Thomas-Mann-Werke standen übrigens meist auch in den Bücherregalen des Verwandten- und Bekanntenkreises. Es war aber zumindest bei Mann und Hesse durchaus eine Literatur der Krisen und der Evasionen aus den bürgerlichen Lebenswelten – auf die Spitze getrieben mit der offenen Satire auf wilhelminische Spießbürgerlichkeit und militärische Großmannssucht im „Simplizissimus"-Teil von Ludwig Thomas Werk. Heinrich Manns „Untertan", seit den Sechzigerjahren ein Wegweiser neu-linker intellektueller Kritik am Kaiserreich, fand sich in den Regalen des großväterlich-mütterlichen Bibliothekszimmers nicht, wurde aber in einer preiswerten Taschenbuchausgabe des Rowohlt Verlags gelesen und bei weinseligen abendlichen Sitzungen mit Severin weidlich paraphrasiert und belacht. In den Kinos von Reit und Unterwössen gab es damals natürlich Sternbergs Verfilmung „Der blaue Engel" mit Emil Jannings und Marlene Dietrich nicht zu sehen, dieser Mangel wurde aber später in den Filmkunststudios Schwabings behoben. Selbst bei der Lektüre von Carossas autobiographischen Büchern konnte man sich gelegentlich ins randständige bohèmehafte Münchner Künstlermilieu versetzt fühlen. Der zwischen Stadt- und Militärkritik und Kitsch pendelnde Roman um den idealistischen Arzt Gion und die unverdorbene Magd Emerenz sprach mich durch die anschaulich-einfühlsame Schilderung von Bernhard Bleekers düster-pathetischem Kriegerdenkmal „Toter Soldat" (1921) vor der Ruine des Armeemuseums (der heutigen Staatskanzlei) an; dieses Monument mit dem kryptartigen Abstieg in eine Art enger und dunkler Grabeshöhle und der hieratisch typisierten Plastik eines liegenden unbekannten Soldaten hatte mich bei einem frühen Besuch noch von Reit aus beeindruckt.

Avantgardistisch war all diese Literatur nicht – dafür waren dann die bei Deschner genannten und in den Regalen von Severins Zimmer vorgefundenen Autoren zuständig. Aber sie ermöglichten doch einen ersten Einstieg in die gediegene „schöne Literatur". Mit der „Chronik von Grieshuus" und anderen Novellen von Theodor Storm begann eine erste Berührung mit literarischen Werken als Sprachkunstwerke und mit Literatur als Reflex auf und Kritik an Lebens- und Denkweisen der fernen, aber in der Familie noch auf selbstverständliche Weise präsenten Gesellschaft des Kaiserreichs und der Weimarer Republik. Es mag heute verwundern, dass in diesem Katalog mehr oder weniger gründlich gelesener Bücher Klassiker der Gesellschaftskritik aus den Weimarer Jahren, wie Ernst Maria Grafs Dorfgeschichten und sein Meisterwerk „Wir sind Gefangene" (1927) über die Münchner Revolution 1918/19, aber auch Lion Feuchtwangers sarkastische Münchentrilogie „Erfolg" (1928) fehlen. Aber diese Werke waren im kulturellen Bewusstsein und auf dem Markt in diesen Jahren einfach noch nicht vorhanden. Sie tauchten in den Regalen der Buchhandlungen erst seit den Siebzigerjahren auf, als die linksliberalen Stimmen die intellektuelle Meinungsführerschaft zu übernehmen begannen.

Einen größeren Gegensatz als den zwischen meiner schöngeistigen Mutter und dem in mancher Hinsicht bäuerischen Vater konnte es kaum geben. Mein Vater war ein Naturphänomen. Das jedenfalls war immer die erste Antwort, die mir einfiel, wenn ich sinngemäß gefragt wurde, was für ein Mensch eigentlich mein Vater gewesen sei. Er ist mir körperlich als Koloss in Erinnerung, obwohl er nicht größer war, als ich selbst werden sollte. Bis hoch in seine Fünfzigerjahre hinein schlank, wurde er später breit und schwer – zum Kummer und beständigen

Anlass der Kritik der Mutter, die von dem Idealbild des ranken und glänzend aussehenden Mannes, in den sie sich mit 32 Jahren verliebt hatte, nicht lassen konnte.

Sein Temperament war unausgeglichen und heftig bis zur Zügellosigkeit, auch dies zumindest teilweise die Folge eines Blutdrucks, der plötzlich alle Schallmauern nach oben durchbrechen konnte. In der Umgebung meines Vaters herrschte, wenn er nicht gerade in seine Arbeit vertieft und bis zur völligen Absenz konzentriert war, immer Hochspannung. Er konnte mühelos eine anspruchsvolle Gesellschaft stunden-, ja tagelang unterhalten, was ihm dann auch die bereitwillige Anerkennung der Mutter eintrug. Er konnte aber auch in eine – wie uns schien – lange, träumerische, dabei gutmütige Abwesenheit verfallen. Das Kraftwerk seiner Energie hielt den Geist, wenn er konzentriert war, sieben bis acht Stunden in Gang, am Schreibtisch brachte er es nicht über fünf bis sechs Stunden hinaus. Aber dieser Geist sprühte von Witz und Einfällen.

Die Eltern um 1970

Mein Vater war ein großer Geschichtenerzähler, aber er drängte seine Geschichten niemandem auf. Dass er nolens volens, wenn er am Tisch saß und unterhaltsam ausholte, die Runde beherrschte und die Kinder es schwer hatten, sich dagegen zu behaupten, ist leicht zu sehen. Besucher bestrickte er, wenn er wollte, mit seinem Charme und Witz, und wenn gelegentlich Besucher auftauchten, die ihm an Einfallsreichtum und unterhaltender Energie Paroli boten, so genoss er die Stimulation und lief zu Hochform auf. Das waren freilich niemals eigene Bekannte, denn die hatte er nicht, sondern Besucher aus dem Bekanntenkreis meiner Mutter. Er war eine Unterhaltungsbegabung, wie man sie selten trifft, aber in seinem Wesen ein einsamer Eigenbrötler.

Mein Vater war sozusagen zugereist, und er blieb in gewisser Weise in der Familie wie in seinem Beruf zeitlebens ein Fremder. Er stammte aus dem alten Österreich, mit niederösterreichischen, böhmischen, kroatischen und slowenischen Handwerkern und Bauern als Vorfahren. Sein Aussehen nahm in späteren Jahren ausgesprochen slawische Züge an, zeitweise sah er dem sowjetischen Staats- und Parteichef Leonid Breschnew zum Verwechseln ähnlich. Hier kam das Erbteil seiner mütterlichen Familie durch. Fotos einer kroatischen Urgroßmutter zeigen eine schwerblütige, breite, melancholisch düstere Bäuerin. Wenn das Erfordernis des Ariernachweises im „Dritten Reich" irgendeinen sinnvollen Ertrag gebracht hat, so besteht er in meiner Familie in einer Vielzahl von Geburts- und Sterbedokumenten, die in serbokroatischer Sprache diese Linie belegen. Mein Großvater väterlicherseits, den ich ebenso wie die Großmutter niemals kennenlernte, vertrat demgegenüber das deutsche Element in der K.u.K.-Monarchie. Er brachte es bis zur Position eines mittleren Postbeamten und wurde als solcher in kleineren Städten des Habsburger Reiches hin und her versetzt, u.a. nach St. Pölten, Enns und Görtz, dem späteren italienischen Gorizia nahe der jugoslawischen Grenze. Dort kam mein Vater 1903 zur Welt und lernte als Kind ein wenig Italienisch zu sprechen, was es ihm später leicht machte, bei Bedarf mit einigen italienischen Brocken um sich zu werfen. Kurz vor Ausbruch des Ersten Weltkriegs landete die Familie in Marburg an der Drau, dem heutigen slowenischen Maribor. Bei Kriegsende 1918 vertrieben, kam die Familie zunächst in einem Flüchtlingsheim in Graz unter und wurde dann dort auch ansässig. Der Vater studierte in Graz und sonst nirgends – ihm fehlten daher nach dem frühen Tod seines Doktorvaters auch alle weiterreichenden akademischen Verbindungen.

Als Schüler war er eine Art Wunderkind gewesen, die Zeugnisse liegen vor. Danach versagt die Überlieferung weitgehend, sowohl die schriftliche wie die mündliche. Aus einer der seltenen Erzählungen über diese Zeit weiß ich, dass er sich einem akademischen Turnverein anschloss und sich im Stadttheater Graz gelegentlich als Volk in Goethes „Faust" ein wenig Geld verdiente. Von daher kamen wohl auch seine Neigung und Fähigkeit, bei passenden Gelegenheiten aus dem „Faust" zu zitieren. Auch das ein oder andere Goethegedicht hatte er in Erinnerung und zitierte daraus, was zu seinem sonstigen Habitus eines aufgeklärten Naturwissenschaftlers nicht recht passte. Die naturwissenschaftlichen Schriften Goethes hatte er früh gelesen und unterzog sich der Lektüre während des seltsamen Intermezzos seiner Militärzeit in einem Büro in der Stuttgarter Villa Reitzenstein (dem heutigen Sitz der baden-württembergischen Ministerpräsidenten) noch einmal. Gemäß seinem positivistischen Weltbild fand er sie sprachlich ansprechend, aber wissenschaftlich dilettantisch. Gelegentlich konnte er ein Ibsen-

Drama mit einem Ton anerkennenden Grauens in der Stimme erwähnen, ebenso wie Erich Maria Remarques etwas kolportageartigen Heimkehrerroman nach 1945, „Der Weg zurück". Ein beträchtlicher Heimatstolz klang durch, wenn er auf Peter Rosegger hinwies. Seine jugendlichen philosophischen Lektüren dagegen waren eher symptomatisch für den anarchisch-ungebärdigen Grundzug seines Wesens. So berief er sich gegenüber den Verschwärmtheiten seiner Frau gern auf das Hauptwerk des linkshegelianischen Außenseiters Max Stirner, „Der Einzige und sein Eigentum", mit dem Leitsatz „Ich hab mein Sach auf mich gestellt", doch lernte man das im Lauf der Zeit als vorwiegend rhetorische Attitüde einzuschätzen.

Bei der Auswahl der Buchgeschenke für mich gab es zwischen Mutter und Vater eine charakteristische Arbeitsteilung. Während die Mutter frühzeitig anfing, recht schwerblütige historische Literatur zu schenken, wie etwa Ricarda Huchs „Geschichte des Dreißigjährigen Krieges" oder ihre „Geschichten Garibaldis" oder gar, in einem seltenen Missgriff, Reinhold Schneiders Monographie „Innozenz III.", verlegte sich der Vater neben der schon genannten steirischen Heimatliteratur auf Expeditions- bzw. Abenteuergeschichten. Darunter waren, von mir mehrfach gelesen, Thor Heyerdahls Bericht über seine Pazifiküberquerung auf dem Balsafloß „Kon-Tiki", Sven Hedins „Reise durch die Wüste Gobi", ein Bericht über den Wettlauf zum Südpol zwischen Roald Amundsen und Robert Scott mit dem tragischen Ausgang für Scott, sowie der Bericht des Sensationsreporters Henry Morton Stanley „Wie ich Livingston fand" über dessen ebenfalls tragisch endende Durchquerung des inneren Afrika.

Nach dem Studium unterrichtete der Vater Mathematik und Physik in Baden bei Wien und versuchte, mit kleineren wissenschaftlichen Arbeiten Anschluss an die Universität zu finden, bis er schon im Frühjahr 1939 in der Wehrmacht landete. Noch im militärischen Dienst habilitierte er sich im Winter 1944/45 an der Technischen Hochschule Stuttgart mit einer im Kopf offenbar lange vorbereiteten Arbeit über Einsteins Relativitätstheorie. Zwar gelang es ihm, sich nach München umzuhabilitieren. Aber für einen aus Österreich hereingeschneiten Physiker mit – nach Gymnasiallaufbahn und sechs Jahren Kriegdienst – naturgemäß schmalem Œuvre und ohne alle akademischen Beziehungen war es schwer, zu einer Professur zu kommen. Zudem hat er sich wohl durch sein häufig überschäumendes Temperament manche Chancen selbst verbaut. Er muss in den Jahren nach dem Krieg in einer Diskussion eine der deutschen Koryphäen der Physik, den ungemein einflussreichen Arnold Sommerfeld, so scharf attackiert haben, dass der Boden deutscher physikalischer Institute für ihn verbrannt war. Zudem war ihm offensichtlich auch die Fortune versagt, ohne die ein Fortkommen in der akademischen Welt so gut wie unmöglich ist. Er hatte sich im Krieg auf die Geophysik verlegt und für dieses Spezialgebiet gab es damals nur ganz wenige Lehrstühle. Den Lehrstuhl in München übernahm alsbald der Sohn des früheren, bedeutenden Göttinger Ordinarius Angenheister. Sohn Angenheister hatte so gut wie nichts publiziert, während mein Vater immerhin ein Buch, „Theorien der mikroseismischen Bodenunruhe" (1962), vorlegte und früh schon zu den damals noch seltenen internationalen Tagungen eingeladen wurde. Der Lehrstuhlinhaber mit dem fremden, aufsässigen und sich – ob zu Recht oder Unrecht sei dahingestellt – qualifizierter dünkenden Privatdozenten im Haus unterließ jedenfalls nichts, um dessen Festanstellung und die Ernennung zum Professor zu verhindern, wie meine Frau sehr viel später bei einer gesellschaftlichen Gelegenheit aus erster Hand, nämlich von dem damaligen Hochschulreferenten im bayerischen Kultusministerium, Johannes von Elmenau, rein zufällig erfuhr.

Fast könnte man in Abwandlung eines berühmten Satzes aus Bismarcks „Gedanken und Erinnerungen" sagen, mein Vater habe die Schule als typisches Produkt des josephinisch-spätaufklärerischen Unterrichts mit seinem Schwerpunkt auf Realien und Naturwissenschaften verlassen. Trotzdem, und auch trotz eines bei passenden Gelegenheiten lustvoll ausgespielten Zynismus, hat mein Vater vielleicht mehr als jeder andere dazu beigetragen, mein historisches Interesse zu wecken. Ich hörte jedenfalls gerne zu, wenn er schon dem Acht- oder Zehnjährigen aus seinem reichen Schatz altösterreichisch-habsburgischer Geschichten und Mythen erzählte. So etwa die Geschichte von der Entstehung der Nationalfarben Rot-Weiß-Rot, wonach eines Tages das weiße Gewand des Herzogs Leopold V. von Babenberg bei der Belagerung von Akkon im Dritten Kreuzzug über und über blutgetränkt war, mit Ausnahme des weißen Streifens an der Stelle, wo er den Schwertgurt trug; so etwa die Übersetzung der Formel AEIOU mit „alles Erdreich ist Österreich untertan"; so auch die Grundsätze und Erfolge der habsburgischen Heiratspolitik – tu felix Austria nube –; oder auch die Belagerung Wiens durch die Türken im Jahr 1683, die heldenhafte Verteidigung durch den Grafen Starhemberg und ihren Entsatz durch den Polenkönig Johann Sobieski. Dazu lagen zu Geburtstagen und Weihnachtsfesten bald auch Kinderbücher entsprechenden Inhalts auf dem Geschenktisch.

Daher hat es sich mir auch bald eingeprägt, welche Mühen es kostete, die steirische Heimat seit dem 15. Jahrhundert gegen den Ansturm von Ungarn und Türken zu verteidigen. Bald war mir auch klar, was für eine einzigartige Persönlichkeit der kleinwüchsige und verkrüppelte Prinz Eugen als Feldherr, Politiker, Schlösserbauer und Kunstsammler gewesen sein musste; die Erzählung, dass die gewaltige Löwin im Tierpark des alten und vom Lebenskampf ermüdeten Prinzen am Abend vor dessen Tod noch einmal aufbrüllte und dann verschied, habe ich bis heute nicht vergessen. Es verwunderte mich sehr, wie ein savoyardischer Prinz in österreichischen Diensten zu einer so hohen Stellung hatte kommen können; es musste wohl auch an der Luxusfreudigkeit gelegen haben, dem Hang zu Äußerlichkeiten und an den Ränkespielen des französischen Hofes, dass ein so tapferer, gradliniger und umfassend begabter, wenn auch verkrüppelter junger Mann dort nicht hatte zum Zuge kommen können. Allerdings musste ich auch widerwillig zur Kenntnis nehmen, dass sich der Wiener Hofkammerrat den zwingend notwendigen Ausgaben für das österreichische Heer in der unbegreiflichsten Weise widersetzte und dass alle möglichen nichtsnutzigen Höflinge in Wien dem Helden immer wieder Knüppel zwischen die Beine warfen. Auch wenn ich gerne bereit war, die Verdorbenheit des französischen Hofes anzuerkennen, wollte mir nicht recht in den Kopf, wie ein Franzose österreichischer Feldherr werden konnte, zumal bei der mir damals schon bekannten Erbfeindschaft zwischen dem Habsburgerreich und dem Königreich Frankreich. Andrerseits konnte ich nicht verstehen, wie die christlichen – bald lernte ich ironisch zu denken: die allerchristlichsten – französischen Könige sich schon seit Franz I. törichtem Kampf gegen Kaiser Karl V. immer wieder mit den Türken verbünden konnten und dass die deutschen Fürsten nicht jederzeit und selbstverständlich dem Kaiser bei seinen Kämpfen an der östlichen Grenze zu Hilfe eilten. Franz I. Verhalten konnte man demgegenüber sogar verstehen, wenn auch keinesfalls gutheißen, war er doch nur König und nicht

Kaiser und sah sich außerdem einem Reich gegenüber, in dem die Sonne nicht unterging. Dass Kurfürst Max Emanuel von Bayern dagegen im Auftrag des Prinzen Eugen in einem tollkühnen Handstreich Belgrad eroberte, nahm mich lebenslang für ihn ein, auch wenn ich später zugeben musste, dass er als Landesherr zu einer tadelnswerten Verschwendung neigte, der aber immerhin die schönen Schlösser Nymphenburg und Schleißheim zu verdanken waren. Nicht recht einsehen konnte ich, wozu man einen Reichstag in Regensburg brauchte, der entweder notwendige Einnahmen und Kriege verhinderte oder das nötige Geld nur widerwillig und unzureichend bewilligte. Dass Männer wie Prinz Eugen in ihren großen Plänen und Taten immer wieder durch kleinkrämerisches Finassieren im eigenen Lager gelähmt wurden, konnte doch nicht wahr sein! Die Empörung über solche Zustände machte mir noch zehn oder zwölf Jahre später bei der Lektüre von Otto Hintzes Aufsätzen unmittelbar einsichtig, wie wichtig die Einführung der Akzise und überhaupt die Rationalität und Funktionstüchtigkeit der seit dem Großen Kurfürsten schrittweise durchgesetzten Rationalität und Funktionstüchtigkeit der preußischen Verwaltung für den – sonst nicht wirklich segensreichen – Aufstieg Preußens zur Großmacht und für den letztendlichen Sieg der Hohenzollern über die Habsburger gewesen ist. Auch über Schattenseiten der österreichischen Geschichte schwieg der Vater nicht. So erfuhr ich auf Nachfrage nach seinem gelegentlichen sarkastischen Ausruf „Dank vom Hause Habsburg", was der Satz zu bedeuten habe. Als Beispiel wurde der Oberbefehlshaber der österreichischen Armee in der Schlacht von Königgrätz, Ludwig von Benedek, angeführt, der vom Wiener Hof nach der Niederlage geächtet worden war, obwohl er sich – wohl wissend um seine mangelnde Eignung für diese Position – für die rein dynastischen Interessen des Hauses

Habsburg praktisch geopfert hatte. Früh schon erfuhr ich auch, dass es die italienische Prinzessin und Kaiserin von Österreich, Zita, gewesen war, die den Vormarsch der Österreicher auf das in der Ferne schon sichtbare Venedig nach dem Durchbruch am Piave im Juni 1918 durch Lamentieren beim schwächelnden Gemahl Carl, dem letzten Kaiser, verhindert hatte.

Vor allem die frühen Ausflugsfahrten mit dem 1954 angeschafften Auto zu Zielen in Österreich, wie etwa Kufstein, Innsbruck, Salzburg usw. und die ersten, gleich danach einsetzenden größeren Reisen boten Gelegenheit zu historischen Erzählungen, die ich damals offenbar auch bereitwillig aufnahm: neben dem Drama der Türkenkriege den verräterischen Kriegseintritt Italiens in den Ersten Weltkrieg trotz der Dreibundverpflichtung; und den Verteidigungskampf der Südtiroler um ihre Heimat gegen die unsinnige Forderung des irredentistischen Italien nach der Brennergrenze. Noch heute kann ich mit den österreichischen Gebirgsjägern hören, wie die Bersaglieri einen hohen Berggipfel, den Col di Lana, auf der Südseite anbohrten, um ihn mit Unmengen von Dynamit insgesamt in die Luft zu sprengen – der Gipfel lag gerade vor unseren Augen – während die Österreicher die Lunte gerochen und sich rechtzeitig zurückgezogen hatten. Bei der Fahrt um die Bucht von Cattaro (Kotor) südlich von Dubrovnik wurde uns vor Augen geführt, wie österreichische Einheiten sich unter schwersten Verlusten die hohen, steilen und karstigen Bergwände hinaufgekämpft hatten. Dazu gab es keine langen Ausführungen, zwei informierende Sätze und die pure Anschauung genügten. Noch die Eroberung der Golanhöhen durch israelische Einheiten im Sechs-Tage-Krieg von 1973 spielte sich vor meinem geistigen Auge nach dem Muster von Cattaro ab.

Dies alles klingt heute arg nationalistisch – und das war es natürlich auch. Immerhin gehörte mein Vater, 1903 geboren, zu der in Deutschland so genannten Kriegsfolgegeneration, die mit ihrem besonderen nationalen Radikalismus, verbunden mit einer oft menschenverachtenden Sachlichkeit, fragwürdigen wissenschaftlichen Ruhm erlangt hat. Ihre Mitglieder hatten als Kinder und junge Heranwachsende das Geschehen des Ersten Weltkriegs zwar aus der Ferne, aber höchst intensiv wahrgenommen, hatten vielfach Väter und Brüder verloren oder als Krüppel zurückkommen sehen, waren so in den Krieg initiiert worden, hatten die angesichts der andauernden Siegespropaganda unbegreifliche Niederlage miterlitten – ohne die Möglichkeit zu haben, selbst noch an die Front zu kommen und das Vaterland zu retten. Gleichwohl spüre ich, wenn ich versuche, mir rückblickend ein Urteil zu bilden, in den Erzählungen des Vaters keine nationalistische Überhebung, sondern eher heimatlichen Stolz auf die eigene Herkunft, Stolz auf Leistungen und Ruhmestaten und – mit Kritik verbundenes – Bedauern über Niederlagen aller Art. Die Hauptniederlage Königgrätz bzw. das – historisch nur allzu gut erklärbare – Zurückbleiben Österreichs hinter Preußen seit dem 18. Jahrhundert klang bei allen seinen historischen Ausführungen im Hintergrund an, war aber als unvermeidlich akzeptiert und wurde teilweise aufgewogen durch ein deutsch-österreichisches Selbstgefühl.

Es blieb freilich der Affekt gegen die preußische „Präpotenz" und „große Schnauze", verknüpft mit einem wütenden, gegen Preußen gerichteten Antimilitarismus. Die – meist durch eigene Anschauung bestätigten – nationalen Stereotype, denen ja in aller Regel ein berechtigter Kern innewohnt, waren allgegenwärtig, wurden aber zwischendurch immer wieder durch ein betont eigenständiges Urteil konterkariert oder relativiert.

Dass man in Italien z.B. vor Diebstahl und Betrugsmanövern aller Art auf der Hut zu sein hatte, vermittelte sich den Kindern rasch und deckte sich durchaus mit späteren eigenen Erfahrungen. Trotzdem hatte das Wort Italien bei beiden Eltern einen magischen Klang, wie sonst nur noch bei meinem Vater das Wort Dalmatien. Während einer Schifffahrt auf dem Gardasee von Desenzano nach Riva bekamen wir beim Blick auf die atemberaubende Straßenführung an den nördlichen Berghängen zu hören, dass die Italiener ingeniöse Straßenbauer seien – und das schon von den Römern an. Sätze wie: „Rom wird erst dann aufhören zu existieren, wenn es in Europa keine Städte mehr gibt", könnten ohne weiteres von meinem Vater stammen. Eines seiner Lieblingsthemen war der Limes und seine, mir damals ganz und gar nicht einsichtige Bedeutung als kulturprägende Grenze bis heute. Nicht einsichtig deshalb, weil sich der Zehn- oder Zwölfjährige in seinem hochgradig nationalen Weltbild eine solche innere Getrenntheit seines Heimatlandes schlechterdings nicht vorstellen konnte. Später half sich mein Vater, wenn er gegen den überlegen argumentierenden Sohn in Disputen aller Art nicht weiterwusste, mit der Formel: „Roma locuta est, causa finita!"

Bei den historischen Darlegungen des Vaters handelte es sich vor allem um dramatische Erzählungen aus einer Art europäischer Heimatgeschichte im Geist des Patriotismus im aufklärerischen Wortsinn. Sie waren nicht frei von nationalistischen Einsprengseln im Stil des 19. Jahrhunderts, doch hörte ich vom Vater nie ein allgemeines, pejoratives Urteil, etwa über „die Slawen" oder „die Franzosen". Nur eine, von seinem Schwiegervater übernommene und daher auch durch dessen Autorität gedeckte Sentenz äußerte er immer öfter, nämlich: „Die Amerikaner sind das dümmste Volk der Erde." An das politische Urteil, das hinter den Erzählungen stand, konnte ich mich – Extremfälle ausgenommen – bis heute vielfach anschließen. Erst bei der Ostpolitik Willy Brandts schlug der Kompass nach der falschen Seite aus – und das weniger, weil ihm etwa die ganze Richtung nicht passte, sondern weil er argwöhnte, die übereifrige neue Regierung werde von den Sowjets über den Tisch gezogen. Dass sich schließlich sein Sohn für die Heimat des Vaters und ihre Geschichte nicht sonderlich interessierte und es – was die Geschichte und auch die eigene Identität angeht – doch mehr mit den Deutschen hielt, nahm er gelassen hin – hatte er doch auch genug Grund, sich darüber zu freuen, dass der Sohn im Ganzen der neben der Physik und der Mathematik bei ihm selbst vorhandenen Interessenrichtung gefolgt ist und letzten Endes auch manche Vorlieben, Idiosynkrasien und Urteile wie die Vorliebe für die mediterrane Welt, den kritischen Blick auf Preußen und eine grundsätzliche Machtskepsis übernommen hat.

Ich hatte wohl schon zu Anfang der Sechzigerjahre eine Vorstellung, dass mein politisches Interesse irgendwie mit der Großvatererzählung im Elternhaus zusammenhing. Das betrifft weniger die normale Tatsache, dass ein Fünfzehnjähriger sich für Wahlen und Parteien interessiert als die schon vorgebahnte Richtung dieses Interesses. Es mag daher hier der Ort sein, etwas mehr über diesen Großvater, seine politische Laufbahn und sein Ende, zu berichten.

Eduard Hamm wurde 1879 in Passau geboren. Er stammte väterlicherseits von Bauern, Handwerkern und Lehrern in Niederbayern und im Bayerischen Wald ab. Hochbegabt, wurde er in das elitäre Studienwerk des von König Maximilian II. gegründeten Maximilianeums aufgenommen und absolvierte das juristische Staatsexamen 1905 als Bester seines Jahrgangs. Nach dem Berufseinstieg als Rechtskundiger Magistratsrat in Lindau

Eduard Hamm

wechselte er in den bayerischen Staatsdienst und stieg nach
leitenden Funktionen in der Münchner und Berliner Kriegs-
wirtschaftsverwaltung im Januar 1919 zum Legationsrat im
damals noch existierenden bayerischen Außenministerium auf.
1907 hatte er Maria von Merz aus einem bis ins 14. Jahrhundert
zurückreichenden Nürnberger Kaufmannsgeschlecht geheiratet,
das 1760 noch ein kaiserliches Adelspatent erhalten hatte. Das
Handelshaus war in den Turbulenzen der napoleonischen Kon-
tinentalsperre zusammengebrochen, die Männer der Familie
hatten sich im 19. Jahrhundert überwiegend auf den Nürnberger
oder Bayerischen Justiz- und Verwaltungsdienst verlegt. Marias
Vater Carl von Merz beendete seine Laufbahn als Senatspräsi-
dent in Nürnberg. Maria Hamm ging in der Ehe weitgehend
in der traditionellen Familienrolle auf, sie stand ihrem Mann
bei seiner politischen Karriere mit ihren gesellschaftlichen
und haushälterischen Fähigkeiten aber tatkräftig zur Seite, war

politisch interessiert und genoss mit ihrer Selbstständigkeit, Gewandtheit und Entschiedenheit Respekt sowohl in den Zwanziger- und Dreißigerjahren bei den politischen Freunden und Bekannten ihres Mannes wie auch bei den Bauern von Reit im Winkl in den Vierziger- und Fünfzigerjahren.

Die wichtigsten Stationen in der politischen Laufbahn des Großvaters kannte ich schon früh aus Äußerungen der Mutter. Sie betrafen hauptsächlich seine Ämter, so gut wie gar nicht aber die konkreten politischen Zusammenhänge. So erfuhr ich zum Beispiel, dass er vom Frühjahr 1919 bis zum Sommer 1922 als Chef des neu geschaffenen Ministeriums für Handel, Gewerbe und Industrie in Bayern amtierte, nicht aber, dass er als Mitglied und Führungsfigur der bayerischen Linksliberalen (DDP) das Kabinett aus Protest gegen den scharfen Rechtskurs der Bayerischen Volkspartei verließ. Anschließend übernahm er von Anfang Dezember 1922 bis Mitte August 1923 das Amt des Staatssekretärs in der Reichskanzlei unter dem parteilosen Kanzler Wilhelm Cuno. Über Cuno hörte ich gelegentlich, dass er allzu sehr „über den Dingen geschwebt" sei und dass der Großvater die eigentliche Arbeit gemacht habe – eine Aussage, die ich rund 60 Jahre später bei meinen Aktenrecherchen weitgehend bestätigt fand. Er hatte also im schlimmsten Krisenjahr der Weimarer Republik eine zentrale Position inne, als sie mit der Hochinflation, dem Einmarsch von Franzosen und Belgiern ins Ruhrgebiet, dem anschließenden Ruhrkampf, dem Aufmarsch der extremen Rechten unter Führung der Nationalsozialisten und der Polarisierung der Politik im Reich zwischen radikalen Landesregierungen einerseits in Bayern, andererseits in Sachsen/ Thüringen zu kämpfen hatte. Als sich diese Spannungen schließlich am 9./10. November 1923 im Hitlerputsch entluden, war er nicht mehr im Amt, erlebte die Geschehnisse aber aus nächster Nähe in München mit. Von alledem erfuhr ich von der Mutter nichts, schließlich war sie zu diesem Zeitpunkt auch selbst erst dreizehn Jahre alt gewesen. Nur eine Episode aus dem Ruhrkampf erzählte sie einmal eher beiläufig, die in der Familie offenbar ebenso wie beim Großvater selbst für große Aufregung gesorgt hatte. Anfang April 1923 erschossen die französischen Besetzer in Essen dreizehn Krupp-Arbeiter bei der Ausübung des von der Reichsregierung sanktionierten, aber von der Ruhrbevölkerung selbst getragenen passiven Widerstands. Hamm sollte in Vertretung des Reichskanzlers die offizielle deutsche Trauerrede halten. Französische Grenzposten verhinderten das, indem sie ihn bei der Einreise ins besetzte Gebiet aus dem Zug holten und zwanzig Stunden lang festsetzten. Des Großvaters Empörung darüber entlockte der Romanistin bei ihrer Erzählung für den Sohn – rund 35 Jahre, einen Weltkrieg und wesentliche Schritte der deutsch-französischen Annäherung später – ein leises Lächeln.

1924 leitete Hamm in den Kabinetten I und II des Reichskanzlers Wilhelm Marx (Zentrum) das Wirtschaftsministerium und trug an seinem Platz zur außenpolitischen Entspannung mit dem Dawes-Abkommen und zur wirtschaftlichen Konsolidierung nach Beendigung der Inflation bei. Den Linksliberalen in Bayern bekam allerdings ihre Politik der Vernunft nach außen und innen schlecht, bei den Landtags- und Reichstagswahlen im Juli 1924 erlitten sie schwere Verluste. Eduard Hamm verlor sein Reichstagsmandat und damit auch die parteipolitische Basis für seine Karriere in der Reichspolitik. Über all das erfuhr ich daheim nur, dass der Großvater ehrenvollerweise zum zweiten Mal binnen dreier Jahre wohl aus Überzeugungsgründen von einem hohen Amt zurückgetreten war. Tatsächlich hatte er sich auch in der Reichstagsfraktion der DDP ein Stück weit isoliert, weil er sich anders als deren starker sozialliberaler Flügel gegen einen strikt gehandhabten Achtstundentag in der Ruhrindustrie ausgesprochen hatte. Aber schon Anfang 1925 übernahm er ein neues Amt, über das er Einfluss auf die deutsche Wirtschafts- und Handelspolitik nehmen konnte. Als Geschäftsführendes Präsidialmitglied des Deutschen Industrie- und Handelstags (DIHT) trug er dazu bei, die interessenpolitische Schlagkraft dieses Verbandes zu stärken. Darüber erfuhr ich nun wieder mehr, vor allem über die Aspekte des Amts, die die Familie unmittelbar betrafen: die Verfügung über einen Horch, das wuchtige Dienstauto, in dem auch die beiden Töchter, die sich inzwischen dem Erwachsenenalter näherten, gelegentlich mitgenommen wurden. Am meisten war aber die Rede von der sogenannten Arbeitenden Geselligkeit im Hause Hamm, bei der der Großvater die Spitzen der Wirtschaftsverbände und der hohen Ministerialbürokratie, Abgeordnete der liberalen Par- teien, einstige oder amtierende Minister zu gesetzten Essen, wie es tituliert wurde, von 12 bis 20 Personen versammelte. Ergab sich gelegentlich die Gästezahl 13, so durfte eine der Töchter als Einspringerin Platz nehmen, was die Honoratiorenrunde zweifellos auflockerte und naturgemäß bei meiner Mutter und Tante lebenslangen Eindruck hinterließ.

Politisch widersetzte sich Hamm in den rund acht Jahren seiner Amtsführung den meisten der aus seiner Sicht zu weit ge- henden sozialpolitischen Forderungen von Gewerkschaften und SPD, aber auch dem zunehmend sozialkonservativen Kampf- kurs und der isolationistischen Autarkiepolitik der ostelbischen Agrarier. Infolge einer von langer Hand vorbereiteten Intrige eines NS-Anhängers im DIHT sah er sich im Zuge der Gleich- schaltungspolitik der neuen Regierung im Mai 1933 gezwungen, von seinem Amt im DIHT zurückzutreten. Mit einem drastisch reduzierten Einkommen etablierte er sich 1936 in seinem alten Arbeitsumfeld, der bayerischen Wirtschaft, als Wirtschaftsanwalt. Schon seit 1934, verstärkt seit 1939 und dann noch einmal intensiviert seit Anfang 1943, widmete er sich als führendes Mitglied des Sperr-Kreises dem Aufbau einer geheimen Organisation von NS-Gegnern aus Wirtschaft und Verwaltung, um für den erhofften Zusammenbruch des Systems vorbereitet zu sein und eine neue, demokratisch fundierte, rechtsstaatliche Ordnung in Bayern und im Reich aufbauen zu können. In der Gründungsphase ab 1934 spielte der bayerische Kronprinz Ruprecht eine wichtige Rolle. Den Aufbau innerhalb des bis 1943 auf Bayern beschränkten Netzwerks betrieben Sperr und Hamm, für die Beziehungen zum Ausland (und dem nach Italien ausgewichenen Kronprinzen) war der langjährige Reichsminister der Weimarer Republik und persönliche Freund der Familie Hamm, Otto Gessler zuständig. Der Kreis dachte wohl an die Wiederherstellung einer Konstitutionellen oder Parlamentarischen Monarchie, war mehrheitlich liberal-konservativ eingestellt und rekrutierte sich primär aus NS-kritischen Verwaltungs- und Justizbeamten, Führungspersonen der wirtschaftlichen Selbstverwaltung und einigen Militärs. Seine Zielsetzung war ähnlich der des Kreisauer Kreises, im politischen Spektrum aber deutlich konservativer.

Über den Sperr-Kreis – so benannt nach dem Gründer und führenden Kopf, dem ehemaligen bayerischen Generalstabsoffizier und späteren Diplomaten Franz Sperr – wusste man in den Fünfziger- und Sechzigerjahren kaum etwas, schon deshalb, weil seine Mitglieder aus konspirativen Gründen keinerlei Papiere anfertigten. Tatsächlich führte diese Vorsicht dazu, dass aus dem Netzwerk von rund 60 Personen nach Auffliegen des

Kreises nur fünf verhaftet wurden und nur zwei, Franz Sperr und der Großvater, ihr Leben verloren. Andererseits ist der Kreis gerade dadurch, und weil seine Erforschung so schwierig war, dem historischen Bewusstsein der Deutschen so gut wie unbekannt geblieben. Seit 2019 informiert aber eine ungemein gründliche Dissertation über den Kreis und seine Protagonisten (Manuel Limbach, Bürger gegen Hitler. Vorgeschichte, Aufbau und Wirken des bayerischen „Sperr-Kreises"). Die Konspiration blieb lange unentdeckt. Zum Verhängnis wurde meinem Großvater wohl, dass er Franz Sperr zu einem Treffen mit Stauffenberg am 8. Juli in Bamberg ermunterte, das Stauffenberg gewünscht hatte und das Sperr im Verhör zugab, wobei er wohl auch den Namen Hamms nannte. Der Großvater wusste, worauf er sich mit der Widerstandstätigkeit einließ und war wohl innerlich vorbereitet auf das, was ihm nach der Verhaftung geschah. Dass er die Entscheidung über Leben und Tod für den Fall, dass er glaubte, einer „Befragung" nicht länger standhalten zu können, selbst in die Hand nehmen würde, hatte er seiner jüngeren Tochter in verhüllter Form bei einer gemeinsamen Wanderung im Kaisergebirge wenige Wochen zuvor angekündigt.

In der Familie hatte der Großvater über seine konspirativen Aktivitäten nie gesprochen. Nur seine zahlreichen Reisen konnte er nicht geheim halten und seiner Familie fiel – ebenso wie seinen engsten Mitverschworenen – seine zunehmende Unrast und auch körperliche Strapaziertheit auf. Darüber ließ die Mutter mir gegenüber auch hier und da ein Wort fallen. Aber sie schwieg darüber, dass sie selbst auf eine Aufforderung von Ricarda Huch hin eine Gesamtwürdigung ihres Vaters verfasst hatte, die der Grand Old Lady der deutschen Literatur als Baustein für ihr geplantes Buch über den deutschen Widerstand dienen sollte. Zudem hatte sie ebenso wie mein Vater, der um den

20. Juli 1944 herum zufällig von seinem Standort in Stuttgart aus Urlaub genommen hatte und sich in Reit aufhielt, noch eine Erinnerung an ihren Vater in diesen Tagen niedergeschrieben.

Die Großmutter
mit ihren Enkeln,
1946

Der Familie fiel es lange Zeit schwer, der Nachricht von einem Freitod des Großvaters Glauben zu schenken und sich mit diesem Tod, über dessen Umstände bis heute keine endgültige Klarheit herrscht, abzufinden. Die Großmutter kam über den Tod ihres Mannes bis zu ihrem Lebensende im März 1955 nicht hinweg. Ich kenne sie nur als ernste, trauernde Frau, die zudem wegen einer schweren Krankheit ihre letzten Lebensjahre schmerzvoll leidend im Bett verbringen musste.

Die Informationen, die sich mir auf osmotischem Weg aus den vereinzelten und immer nur ganz kurzen Feststellungen oder Erzählungen der Mutter über ihren Vater mitteilten, waren gewichtig und die Ansprüche gewaltig. Die Mutter hielt sich, soweit ich das heute beurteilen kann, klug zurück, sie überschwemmte mich keineswegs mit Erzählungen oder gar Forderungen. Aber mein für Heldengeschichten empfängliches Gemüt sog die untergründige Botschaft dieser Mitteilungen bereitwillig auf – und das umso mehr, als der Vater, dieses Gefühl hatte ich damals jedenfalls, als Vorbild ausfiel. Und Vorbilder suchte ich, das ist nichts Besonderes, sondern in diesem Alter selbstverständlich. Zwar war mir bei meiner langjährigen schulischen Kümmerexistenz, dem daraus folgenden notorisch schlechten Gewissen und den unvermeidlichen Zweifeln an meinen Gaben und Fähigkeiten mit dem Verstand bald klar, dass das großväterliche Vorbild schlechterdings nicht zu erreichen war, und dass ich dergleichen daher gar nicht erst versuchen sollte. Aber die Insinuation „Du musst werden wie er" wirkte über die Stimme, die unterdrückte, aber spürbare Aufgeregtheit, über die emphatisch verehrende Emotion der Mutter bei der Nennung des geheiligten Wortes „mein Vater" doch umso stärker auf mich ein, je unbewusster sie auftraten.

Alsbald – und logischerweise – regten sich auch Abwehrreflexe. Als ich mit achtzehn Jahren in das geräumige, holzgetäfelte Zimmer der verstorbenen Großmutter umzog, hing dort an prominenter Stelle ein sehr gelungenes Porträt des Großvaters, das ein mit der Familie befreundeter Maler nach dem letzten Porträtfoto des Großvaters, vermutlich aus dem Jahr 1943, ex post gemalt hatte. Nach kurzer Zeit verlangte ich, dieses Gemälde abzuhängen. Ich fühlte mich von den gütig blickenden Augen überall und bei jeder Regung nicht nur gesehen, sondern auch kontrolliert, bewacht und beurteilt. Heute kann ich diese Empfindung kaum mehr nachvollziehen, die Güte überwiegt das Kontrollierende. Aber vielleicht ist dieser Freiheitsgewinn wirklich erst das Ergebnis meiner biographischen Auseinandersetzung mit dem Mann, mit seinen Stärken, aber auch Schwächen, jedenfalls mit seiner menschlichen Realität – auch mit seinem Leiden und seiner Not. Meinem damaligen Wunsch nach der Beseitigung des Bildes wurde zu meiner Überraschung sogleich entsprochen. Auf politischem Feld konnte ich zu dieser Zeit das großväterliche Erbe ohne weiteres annehmen. Es deckte sich auch vielfach mit den Überzeugungen des Vaters, wenngleich diese, wie ich nach und nach einsehen musste, immer wieder von halb- oder unbewussten, gegenläufigen Emotionen, in den Katastrophen des Jahrhunderts gewachsenen Ressentiments und Ängsten unterlaufen oder konterkariert wurden. Lebensökonomisch, temperamentsmäßig und zivilisatorisch hat das Erbe des Vaters bei mir zweifellos stärker durchgeschlagen als das des Großvaters. Im Hintergrund aber blieb die Gestalt des Großvaters als Möglichkeit und Aufforderung zu einem bestimmten Menschsein präsent – lebenslang. Immerhin erwies sich der Enkel als vital genug, mit dem Verlassen des Elternhauses die ganze Ahnenwirtschaft erst einmal hinter sich zu lassen und zumindest bewusst jede Beschäftigung damit abzulehnen. Erst als Privatdozent in Erlangen begann ich mich dem Thema – rein akademisch – vorsichtig und umwegig wieder anzunähern, mit dem Seminar „Antidemokratische und antimoderne Bewegungen 1890–1933". Heute würde man ein Seminarthema nicht mehr so formulieren und die andere Modernität der antiliberalen Strömungen im Kaiserreich und in der Weimarer Republik stärker betonen. Meine späteren biographischen Studien ergaben jedenfalls überall, wo ich nachforschte, dass der Großvater in all den Widersprüchen der Epoche mit ihren Zumutungen an die Integrität der Persönlichkeit der Kompassnadel des politisch-moralisch Richtigen unbeirrbar gefolgt ist und dass seine Vorbildhaftigkeit ungeachtet einzelner politischer Irrtümer auch bei genauer Kenntnis seines Lebensweges außer Frage steht.

Wahljahr 1961 *oder* **Politik auf dem Dorf**

Wann genau sich das politische Interesse in dem verspielten Kind, dem Träumer und miserablen Schüler meldete, kann ich nicht mehr sagen. Die eigentliche politische Erweckung fiel wohl in das ereignisreiche Jahr 1956, mit der Suezkrise im Frühjahr, dem ungarischen Volksaufstand im Herbst. Aus den Jahren davor gibt es ein paar sporadische und unzusammenhängende Erinnerungen. Die erste fällt in das Jahr 1953 mit den Bundestagswahlen. Es machte auf mich mächtigen Eindruck, dass am späten Nachmittag des Wahltages der örtliche FDP-Vorsitzende, ein angesehener Spediteur und Taxiunternehmer, persönlich am Steuer eines Taxis vorfuhr, um meine Großmutter ins Wahllokal zu fahren. Die Großmutter war damals schon schwer krank und bettlägerig, als Witwe von Eduard Hamm aber eine sichere FDP-Wählerin. Geblieben ist mir davon einmal mehr der Eindruck, dass wir, unsere Familie, etwas Besonderes waren und dass ihr im Dorf große Achtung entgegengebracht wurde.

Vielleicht begann von da an eine regelmäßigere Zeitungslektüre. Die Zeitung kam mit der Post gegen drei Uhr nachmittags. Der Postbote warf die Süddeutsche Zeitung und das Traunsteiner Wochenblatt meist mit einem fröhlichen Spruch auf den Lippen auf den kleinen Tisch im Flur nahe dem Eingang. Möglicherweise haben die Fotos auf der Frontseite der Süddeutschen Zeitung die Aufmerksamkeit auf sich gezogen – vom amerikanischen Präsidenten Dwight D. Eisenhower und vom englischen Premier Anthony Eden hatte ich bald eine Vorstellung. 1955 fand in Genf eine Viermächtekonferenz statt – sowohl der Ort Genf wie das Wort Gipfelkonferenz haben sich bei mir festgesetzt. Während des Ungarnaufstands hockte ich vor dem Radio, hörte die drama-

tischen Reportagen, und glaube, mich auch an die vom Knistern
der Funkübertragung gestörten Hilfsappelle der Aufständischen
an den Westen zu erinnern. Die Namen des Ministerpräsidenten
Imre Nagy und des jungen Obersten Pal Maleter, der den militärischen Widerstand leitete, waren mir seither geläufig. Als daher
1988 in Budapest die Umbettung der Gebeine Imre Nagys ganz
offiziell und in großer Feierlichkeit begangen wurden, begriff ich
trotz aller durch die russische Politik seit 1956 immer wieder bestätigten Skepsis, dass im Ostblock gewaltige Umwälzungen im
Gange waren. Seit Suezkrise und Ungarnaufstand jedenfalls wurde
die Zeitungslektüre notorisch. Merkwürdigerweise erinnere ich
mich aus den Jahren danach nicht an Radiosendungen politischen
Inhalts, die mir besonderen Eindruck gemacht hätten, obwohl
doch allabendlich die Nachrichten des Bayerischen Rundfunks
gehört wurden.

Einen wesentlichen Schritt hinein in eine stärkere, wenn
auch passive Teilnahme am politischen Leben brachte dann die
Bundestagswahl 1961. Dass die Ära Adenauer beendet werden
müsse, verstand sich für einen Sechzehnjährigen aus politisch
liberalem Elternhaus von selbst. Im Ohr hatte ich die wieder-
holten zornigen Kommentare meines Vaters darüber, dass man
in München nur vorwärtskomme, wenn man an deutlich sicht-
barer Stelle an der Fronleichnamsprozession teilnehme und im
richtigen Moment einen Rosenkranz aus der Hosentasche ziehe,
am besten versehentlich mit dem Herausziehen das Taschen-
tuches. Der väterliche alt-österreichische Antiklerikalismus
hatte auch mein Sensorium für politische Töne in den Predigten
des Pfarrers geschärft – es war das letzte Jahr, in dem ich noch
einigermaßen regelmäßig in die Kirche ging. Die katholische
Kirche hielt es damals noch für selbstverständlich, direkte
Wahlempfehlungen von der Kanzel verkünden zu lassen. Der

Vater selbst durfte als Österreicher in Deutschland nicht wählen, und das war vielleicht ganz gut so, denn ich weiß nicht, wofür er sich, hin- und hergerissen zwischen elementar-anarchischen, kleinbürgerlichen und antikommunistischen Instinkten, entschieden hätte. Zumindest aber war klar, dass ich mir selbst ein Bild machen musste. Das geschah am besten dadurch, dass ich Wahlveranstaltungen der drei größeren Parteien besuchte.

Die Auftritte der Bundestagskandidaten von CSU, SPD und FDP unterschieden sich deutlich in Lokalität, Resonanz und Prominenz der Redner. FDP und SPD begnügten sich mit einem Hinterzimmer des Gasthofs Zum Löwen – das dritte Haus am Ort, im unteren Dorfteil gelegen, fern der Kirche. Hier stand der Stammtisch für die Kleinhäusler, Knechte und Tagelöhner. Erst in späteren Jahren schaffte das Gasthaus durch eine gewaltige Investition in komfortable Gästezimmer den Anschluss an das große Fremdenverkehrsgeschäft, ohne dass sich an der Stellung des Hauses in der Hierarchie des Ortes viel geändert hätte. Bei beiden Parteien fanden sich jeweils rund 20 Personen ein. Der örtliche Parteivorsitzende stellte den Redner des Tages kurz vor: bei der FDP war dies der schon genannte Spediteur und Taxiunternehmer, bei der SPD der Inhaber eines gar nicht so kleinen Bauernhofes am Ortsrand, der aber drauf und dran war, die Landwirtschaft aufzugeben und seine Tenne zu einem Konsum-Geschäft auszubauen. Er kam aus der Tradition des antiklerikalen und obrigkeitskritischen, allerdings vor allem in Niederbayern beheimateten Bauernbundes aus der Weimarer Republik, nicht der in Oberbayern dominierenden zutiefst katholisch-konservativen Christlichen Bauernvereine.

An den Bundestagskandidaten der FDP für den Wahlkreis Traunstein und seine Rede kann ich mich nicht mehr erinnern, wohl aber daran, dass im Anschluss an sie der Spediteur Osenstätter das Wort ergriff zu einem längeren und sehr unklaren Redebeitrag, aus dem das Wort Mittelstand wieder und wieder hervorstach. Ich war enttäuscht von der rednerischen Unbeholfenheit dieses Auftritts – ich hatte mir politische Redner als grundsätzlich gewandt und eloquent vorgestellt. Eindrucksvoller verlief der Auftritt des SPD-Mannes. Mit leichter Verspätung humpelte an zwei Krücken ein beinamputierter Mann in dunklem Anzug vor die Versammlung, das leere Hosenbein etwa in Kniehöhe nach oben genäht. Der Kandidat war schon Mitglied des Bundestages, über die Landesliste gewählt und Fachmann für Sozialpolitik. Vorgestellt durch den SPD-Ortsvorsitzenden Valentin Hörl, den ehemaligen Holzarbeiter, der es durch Einheirat zum Hofbesitzer gebracht hatte, packte er einen Ordner aus seiner Aktentasche, die er in der Hand trug, obwohl er sich auf seine Krücken stützen musste, breitete auf dem Tisch vor sich einige Unterlagen aus und begann umstandslos, detailliert und unpolemisch die aktuellen sozialpolitischen Gesetzgebungsvorhaben der SPD zu erläutern.

Im Anschluss daran gab es wie bei der FDP eine unspektakuläre Aussprache über das Vorgetragene. Ich konnte meinen allmählich hervortretenden Drang zu rednerischen Auftritten nicht unterdrücken, meldete mich und führte gegen die Argumente des Abgeordneten sozialpolitische Erfolge der CDU/FDP-Regierung wie etwa die Rentengesetzgebung von 1957 ins Feld. Darauf reagierte der Abgeordnete überraschend empfindlich, antwortete kurz und fragte dann, ob ich CSU-Anhänger sei. Überrascht wie ich war, fiel mir keine prompte Antwort ein, stattdessen musste ich mich von einem drei Jahre älteren Mitschüler heraushauen lassen, der fröhlich einwarf: „Suchender Jungwähler." Im Moment verdarb mir meine Verlegenheit das richtige Urteil, aber allmählich stellte sich doch großer Respekt

Valentin Hörl

vor diesem schwer kriegsversehrten Mann und seiner Arbeit, dann aber auch vor der Partei ein, die solche Leute in einen aussichtslosen Wahlkreis schickte.

Von den Hinterzimmerveranstaltungen von SPD und FDP unterschied sich der Auftritt der CSU gewaltig. Die Plakate riefen in den großen Saal des Gasthofs Oberwirt, des ersten – oder zweiten, genau konnte man das damals nicht sagen – Hauses am Ort, wo sonst die großen Feste und die Heimatabende zur Begrüßung der Gäste stattfanden. Als ich eintrat, war der beträchtlich große, mit Fahnen und Grünzeug geschmückte Raum bereits bis auf den letzten Platz gefüllt, im Parterre wie auf der Galerie. Die Luft war dick von Zigaretten-, Zigarren- und Pfeifenrauch und vom lebhaften Stimmengewirr, die Kellnerinnen eilten mit ihren Bier- und vereinzelt auch Weinkrügen zwischen den Tischen hin und her, es herrschte eine erwartungsvolle, festlich erhöhte Stimmung. Die Männer trugen ihren guten Anzug, entweder die Tracht oder dunkles Stadtgewand, die vereinzelt anwesenden Frauen meist ebenfalls Tracht. Es war der wohlhabende Teil der Dorfgesell- schaft, der sich hier versammelte, einzelne Honoratioren wie der Oberforstmeister, der Postmeister, die Bauern der größeren Höfe, die größeren Handwerksmeister, die Inhaber der aufstrebenden Geschäfte, vom Souvenirwarenhaus über den örtlichen Schneider bis zum Besitzer des einzigen Kinos am Ort. Man war unter sich, kannte seine Tischnachbarn und registrierte, wer da war und wer fehlte. Kurz nach meinem Eintreten sprach mich ein Bauer an, einer der entfernteren Nachbarn: „Ist der Vater auch da?" – es hätte sich eigentlich gehört.

Als erster Redner sprach der junge Landtagsabgeordnete für den Wahlkreis Traunstein, Dr. Ludwig Huber, damals noch Staatsanwalt und einer der Scharfmacher in der Partei; erst später, im Lauf seiner Karriere als Fraktionsvorsitzender im Bayerischen Landtag, als Kultusminister und schließlich als Chef der Baye- rischen Landesbank, entdeckte er die Vorzüge eines liberaleren Politik- und Lebensstils, den er schließlich durch ein offen zeleb- riertes Verhältnis mit einer fragwürdigen Gräfin Thyssen krönte. Soweit war es aber im Jahr 1961 mit der CSU noch nicht. Als Hauptredner des Abends trat dann der streng katholische Dr. Josef Hundhammer ans Pult, von 1946 bis 1950 gefürchteter klerikaler Kultusminister, von 1957 bis 1969 Landwirtschaftsminister.

Als Kultusminister in München hatte er durch das Verbot von Werner Egks Ballett Abraxas bundesweit Aufsehen erregt und in Bayern durch seine restaurative Schulpolitik indirekt wesentlich dazu beigetragen, dass von 1954 bis 1957 erst- und zugleich letztmals eine SPD-geführte Koalitionsregierung, wesentlich unter schulpolitischem Vorzeichen, die CSU von der Macht verdrängen konnte. In der CSU führte Hundhammer den traditionalistischen Flügel der Partei an, gestützt auch auf seine starke Stellung als Vorsitzender des Bayerischen Christlichen Bauernvereins. Alljährlich hielt er bei dessen Hauptversammlung im Wallfahrtsort Tuntenhausen nahe Bad Aibling eine Aufsehen erregende Grundsatzrede aus katholisch-klerikal-konservativer Weltsicht. Hundhammer-Reden sorgten damals schon in der Welt außerhalb der CSU und eines agrarisch-konservativen Katholizismus für Kopfschütteln, wenn nicht empörte Erheiterung, doch in der CSU und im Kabinett stand er für eine immer noch sehr einflussreiche, wenn auch nicht unumstrittene Position. Die fast schon sprichwörtliche Hundhammer-Linie in der Politik änderte allerdings nichts daran, dass ihm niemand seine persönliche Integrität absprach. Selbst mir sechzehnjährigen Schüler war das Gerücht zu Ohren gekommen, dass sein stattlicher weißer Vollbart eine Verunstaltung des Kinns verbarg, die er einem zeitweiligen Aufenthalt im KZ Dachau verdankte. Meine eigenen Vorstellungen von Integrität waren damals allerdings noch etwas naiv und schlossen die Wahrung eines gewissen politischen Stils ein.

An die Einzelheiten seiner Rede kann ich mich nicht mehr erinnern, wohl aber an seine Polemik gegen den SPD-Kanzlerkandidaten Willy Brandt, voller untergründiger Spitzen gegen das Emigrantentum und deutlicher Hinweise auf den angeblichen Alkoholkonsum des Kandidaten. Die Suada kulminierte in dem Satz: „Wir hatten schon einmal einen jungen Willy [gemeint war Kaiser Wilhelm II.], Sie wissen, wohin das geführt hat!" Das Publikum war begeistert, die Stimmung im Saal hob sich noch einmal beträchtlich und steigerte sich schließlich zur

Siedehitze, als ein SPD-Vertreter, ein Rechtsanwalt aus Traunstein, zur damals noch üblichen Gegenrede antrat, sich dabei aber verhaspelte. Auch die unterstützenden Hört-Hört!-Rufe des SPD-Vorsitzenden Hörl, der sich in die Höhle des Löwen und dort sogar in eine der vorderen Reihen vorgewagt hatte, halfen da nichts. Der SPD-Redner verließ bald, begleitet von höhnischen Zurufen, das Podium. Anschließend ergriff dann wieder Ludwig Huber das Wort und dankte dem SPD-Redner für seinen Beitrag, durch den allen im Saal noch einmal die Verwirrtheit sowohl des Redners wie der SPD als Partei insgesamt vor Augen geführt worden sei. Damit war mein früher Versuch, der CSU eine faire Chance zu geben, definitiv gescheitert. Auch die Erzählung Hundhammers, wie er in einer der Wahlkampagnen des Jahres 1932 ganz in der Nähe, bei Ruhpolding, von Nazi-Schlägern verfolgt worden sei, konnte an meinem Urteil nichts ändern.

Allerdings hatte mein Kurzausflug in den Wahlkampf 1961 Mitte der Siebzigerjahre noch ein keines Nachspiel. Offenbar war ich bei dieser Gelegenheit von einem etwas älteren Mitschüler aus der Volksschule, jetzt ein aufstrebender Geschäftsmann, als CSU-Sympathisant eingeschätzt worden. Natürlich hatten diejenigen Schulkameraden und Bekannten im Dorf, die nicht auf eine höhere Schule gewechselt hatten, keine Vorstellung von der Langwierigkeit einer akademischen Laufbahn. Dass ich Mitte der Siebzigerjahre noch nicht gesettelt und Professor war, ließ ernsthafte Schwierigkeiten meinerseits vermuten. So überbrachte mir meine Mutter eine über den örtlichen Schneidermeister vermittelte Botschaft des CSU-Mannes, ich solle doch einmal zu einer CSU-Veranstaltung in Traunstein mit Franz Joseph Strauß mitkommen, er würde mich mit ihm bekannt machen und dann würde man schon weitersehen.

Geselligkeit *oder* Menschen von draußen

Lange war mir alles Familiäre suspekt, um nicht zu sagen, ein Graus. Besuche von Onkeln und Tanten empfand ich als Kind meist als Störung. Sie verbanden sich mit häufigerem Gekämmt-werden, Ermahnungen, sich gut zu benehmen, der unerwünsch-ten Unterbrechung eigener Vorhaben durch gemeinsame Ausflüge, langes Am-Tisch-Sitzen-Müssen, kurz: Disziplin-anforderungen aller Art. Was mir als Familie präsentiert wurde, empfand ich vorwiegend als fremd, mit Zwängen verbunden, insgesamt wenig sympathisch und also fernzuhalten. Es galt, freundlich zu sein zu Leuten, die mir zunächst einmal nichts bedeuteten und Erzählungen anzuhören, die mir nichts sagten.

Es gab aber auch Besucher, die ich schätzte und auf deren Kommen ich mich freute. Dazu zählten etwa mein Patenonkel und der einzige direkte Onkel. Beide profitierten allerdings von ihrem vermeintlichen oder wirklichen Wohlstand, denn beide be-saßen ein großes Auto. Der Mann meiner Tante Fride kam eines Tages in einem Mercedes an, mit dem er aber, wie er später erzählte, bald nicht mehr glücklich war. Er hatte das Auto erworben, kurz bevor die neue 180er-Klasse mit ihrer gestreckten Kastenform auf den Markt kam, die von da an das Design der Nobelmarke und zunehmend auch aller anderen Marken bestimmte, bis dann mit dem ersten VW-Golf eine neue Grundform die Autowelt eroberte. Als Mitinhaber und Direktor einer mittelständischen Porzellanfabrik in Lauf bei Nürnberg brauchte dieser Onkel ein repräsentatives Gefährt. In den Augen seiner Geschäftspartner erschien er mit dem gedrungenen, schweren und überaus soliden Modell in der geschwungenen Form des Vorkriegsdesigns bald nicht mehr auf der Höhe der Zeit.

Der Patenonkel dagegen kreuzte, meiner Erinnerung zufolge, von Anfang an im neuen, modernen Mercedesmodell auf. Dieser Onkel saß nur ausnahmsweise selbst am Steuer, normalerweise wurde er von einem Chauffeur gefahren. Er trat erfreulich unfeierlich auf und gewann mich mit schnoddrigen Sprüchen. Im Nachbarort Unterwössen, wo er jahrzehntelang im selben Haus Urlaub machte, war er unter dem Namen Hanomag-Trenchcoat-Steidle, was auf sein vorheriges Gefährt und sein bevorzugtes Kleidungsstück anspielte, zu einer Institution geworden. Er wusste auch, was er sich und mir schuldig war. Als Technischer Direktor der Siemens-Tochter Telefunken konnte er bei seinem Firmgeschenk, der obligatorischen ersten Armbanduhr für den Vierzehnjährigen, und beim Restaurantbesuch im Café Winkler auf dem Salzburger Festungsberg großzügig in die Tasche greifen. Seine wahre Souveränität aber enthüllte sich, als er gegen die schweren Bedenken der Eltern darauf bestand, ich dürfe sie nicht nur zu besonderen Gelegenheiten, sondern sofort und jederzeit tragen.

Solchermaßen materiell korrumpiert, war ich dann auch lieber bereit, bei den langen Gesprächen am Tisch sitzenzubleiben und zuzuhören. Überhaupt lernte ich Besuche nach und nach mehr zu schätzen. Sie verbanden sich dann mit längerem Aufbleiben-Dürfen an Abenden, an denen mit den Eltern ein seltsamer Wandel vorging. Das Essen war weniger karg als sonst, Weinflaschen kamen in rascher Folge auf den Tisch, es herrschte eine lockere Stimmung und man hörte seltsame Geschichten über Leute, die man schon kannte, oder aus unbekannten, aber offenbar reizvollen Welten. Die Mutter rauchte ein oder zwei Zigaretten und ließ ihr silbernes Lachen hören, der Vater erzählte Geschichten und Witze, die manchen Gast in einen langanhaltenden Wettbewerb um den größten Lacherfolg trieben.

Die Familie des Vaters spielte bei alledem gar keine Rolle. Er war der Newcomer aus einer exotischen Welt, dem altösterreichischen Kleinbürgertum. Seine Mutter lebte, ebenso wie ihre zwei Schwestern, in Leibniz in der Südsteiermark und starb Anfang der Fünfzigerjahre, ohne die zwei Kinder ihres älteren Sohnes gesehen zu haben. Ihre gelegentlichen schlichten und herzlichen, gradlinigen, manchmal – wenn auch erfolglos – entschieden fordernden Briefe verraten ihren Kummer darüber, dass sie ihren Kronensohn und seine Familie nie zu sehen bekam. Die komplizierten Nachkriegszustände (u. a. das Fehlen des eigenen Autos) erschwerten einen Besuch, das Gefühl der Fremdheit zwischen den Milieus mag die Aktivität des Vaters zusätzlich gebremst haben. Im Übrigen hielt er seine Mutter, wie schon in den Vorkriegs- und Kriegsjahren, regelmäßig mit freilich eher unverbindlichen Karten und Briefen auf dem Laufenden. Nach ihrem Tod fuhr er regelmäßig zu Allerheiligen in seine Heimat und besuchte ihr Grab und, solange sie noch lebten, die Tanten – aber immer allein.

Einen lebhaften Eindruck hinterließ die Begegnung mit manchen Freunden und Freundinnen der Mutter sowie ihren Ehepartnern und Kindern. Sie tauchten bald nach dem Krieg aus der Versenkung der Zeit auf dem Baierhof auf, blieben einen Nachmittag oder auch mehrere Tage und verschwanden wieder, blieben aber im Familiengespräch präsent und profilierten von außen her eine soziale Welt, die mit meiner bäuerlichen Umgebung nicht das Geringste zu tun hatte und in die ich zögerlich und nie ganz eins mit meiner Rolle hineinwuchs.

Aus der großbürgerlichen Vergangenheit der Familie erschien als erstes eine kleine, unendlich freundliche und gutmütige alte Frau Schebela. Sie war tschechischer Herkunft und seit Langem schon die Näherin der Familie, die sich um das Ausbessern und Stopfen von Wäsche und Strümpfen, die Änderung von vererbten, zu klein gewordenen oder in der Großfamilie weitergereichten Kinderklamotten kümmerte und dazu aus alten Uniformteilen neue Mäntel und Jacken schneidern konnte. Entlohnt wurde die fast schon zur Familie gehörige Frau, die in München-Giesing wohnte, durch den ein- bis zweiwöchigen, für sie sehr erholsamen und abwechslungsreichen Aufenthalt in Reit. Kurz nach dem Abendessen verschwand sie jeweils in das Gästezimmer unter dem Dach und nahm sich dabei gern eins der Kinderbücher zur Bettlektüre mit. Sie blieb noch bis in die Tanzstundenvorbereitungen meiner Schwester eine regelmäßig wiederkehrende und von allen geschätzte Besucherin.

Bald fanden Wegbegleiter und Freunde des Großvaters den Weg in das abgelegene Dorf Reit. So etwa Guido Brettauer, konvertierter Sohn eines jüdischen Bankdirektors aus Hohenems, Schüler des bedeutenden Nationalökonomen Lujo von Brentano und liberaler Parteifreund Hamms, den dieser gegen den Widerstand der Juristen 1921 als Wirtschaftsfachmann zum vermutlich ersten Persönlichen Referenten in der Geschichte der der deutschen Ministerialbürokratie berufen hatte, sowie Anton Hechtl, der nach dem Ende des NS-Regimes in der bayerischen Justiz rasch Karriere machte.

Im Sommer 1948 erschien eine entfernte Verwandte und Schulfreundin der Mutter mit ihrem Mann, einem praktischen Arzt aus München. Für mich bestand die Attraktion dieses Besuchs in dem Gefährt, mit dem die beiden vorfuhren, einem Motorrad mit Beiwagen, in dem ich auch für eine kleine Runde Platz nehmen durfte. Mit 13 oder 14 Jahren verbrachte ich dann eine Woche in dem schon bald nach dem Krieg erbauten kleinen Haus der Familie mit zwei etwa gleichaltrigen Söhnen in einer Waldsiedlung in Trudering bei München. Ich wurde zum

Fußballspiel mitgenommen und erfuhr erstmals, dass man als Laien-Fußballspieler überall bei Gleichgesinnten Anschluss findet. Auf dem Weg zum Bolzplatz und auf Erkundungsgängen im Viertel wunderte ich mich über die seltsamen Straßennamen wie Swakopmunder Straße, Lüderitzstraße, Von-Erckert-Straße u. Ä. Ich fragte und erfuhr, die Straßen der Umgebung seien nach Orten und Personen in den ehemaligen deutschen Kolonien, Deutsch-Südwest-Afrika, benannt. Wieder zu Hause, ließ ich mich vom Vater über Kolonialpolitik und Kolonialreiche belehren, erfuhr auch, dass England und Frankreich viel größere und ältere Kolonien auf den außereuropäischen Kontinenten erworben hatten und noch immer besaßen, und bedauerte sehr, dass Deutschland wieder einmal zu kurz gekommen war und jetzt ganz ohne Kolonialbesitz dastand – wobei mir zweierlei schon völlig klar war: dass solche Besitztümer nach zwei verlorenen Kriegen in die Hände der Sieger übergegangen sein mussten und dass sie in der Gegenwart mit ihren in den Zeitungen bereits präsenten antikolonialen Bewegungen mehr eine Belastung als ein Glück darstellten.

Ein anderer Aspekt dieses Besuches erscheint mir allerdings wichtiger. Vor der Abreise zu einem meiner ersten längeren Aufenthalte bei einer befreundeten Familie nahm mich meine Mutter zu einem kurzen, aber ernsthaften Gespräch beiseite und klärte mich darüber auf, der Mann ihrer Freundin sei ein „Edelnazi" gewesen. Sie mochte den Mann, das war deutlich zu sehen, schon weil er rein äußerlich – groß, schlank, mit schmalem Gesicht – aber auch mit seinem Auftreten – höflich, zurückhaltend und keineswegs humorlos – ihrem Männerideal entsprach. Ich müsse das wissen, erklärte sie mir, wenn das Gespräch einmal auf diese Zeit kommen sollte. Ich wunderte mich, denn dass Nazis schlimme und verhängnisvolle Menschen gewesen waren, wusste ich seit Langem und brachte das mit der unverkennbaren Sympathie der Mutter für den Mann nicht zusammen. Ihre Antwort auf meine Frage, was ein Edelnazi sei, lief darauf hinaus, nicht alle Nazis seien schlechte Menschen gewesen, es habe auch Idealisten unter ihnen gegeben, die sich guten Glaubens und Willens auf die Nazis eingelassen hätten und dann schwer enttäuscht worden seien. Bei dieser Auskunft blieb es zunächst.

Ich fühlte mich in dem gemütlichen Waldtruderinger Haus mit den beiden Fußball spielenden und Sprüche reißenden Söhnen wohl, aber dem distinguierten und freundlichen Paterfamilias gegenüber spürte ich doch eine gewisse Befangenheit. Viel später einmal fragte ich ihn anlässlich eines Besuchs in Reit, wie er eigentlich NS-Anhänger geworden sei. Die Frage gefiel ihm nicht, aber er antwortete doch ausführlich und mit einem gewissen Eifer. Gerade als er sein Studium abgeschlossen habe, sei die Arbeitslosigkeit in Deutschland am höchsten gewesen. Es habe einfach keine Stellen und Berufsperspektiven gegeben, „plötzlich war dann Arbeit da und es ging überall aufwärts, wie befreiend das war, kann sich heute kein Mensch mehr vorstellen. Dass dann der Krieg kommen würde, das konnte doch niemand wissen." Die Antwort klang authentisch und plausibel und entsprach auch dem, was ich von der Zeit wusste. Sie bewegte sich aber auch ganz im Rahmen des Üblichen und ist insofern ein schlagendes Zeugnis für die bequeme politische Ahnungslosigkeit dieser bürgerlichen Generation in Deutschland, deren politisches Weltbild ganz aufging in Gefühlen eines gekränkten Nationalismus und in einem undifferenzierten Affekt gegen alles Linke. Weitere Fragen nach dem Umgang mit Juden, nach KZs, nach dem politischen Auftreten der Nazis, nach dem Eindruck von Hitlerreden u. Ä. unterließ ich, dunkel spürend, dass damit gegenüber dem distinguierten älteren Herrn ein Graben aufgerissen würde, der nicht mehr zuzuschütten gewesen wäre. Und dass sich so etwas „nichtgehörte" das wusste ich, schon meine Eingangsfrage war zweifellos ungehörig gewesen. In meinem Gedächtnis festgesetzt hatte sich aber die rätselhafte Verbindung von Idealist und Nazi, wobei man mir schon bis zum Überdruss klargemacht hatte, dass unter einem Idealisten etwas uneingeschränkt Positives zu verstehen sei. Dass später schon das bloße Wort Idealist ein aggressives Misstrauen bei mir auslöste, versteht sich vor diesem Hintergrund von selbst.

Ein anderes Kaliber war eine romanistische Studienfreundin der Mutter, mit der sie 1930 in Italien und Sizilien unterwegs gewesen war. Gred Ibschers Hauptinteresse galt der Philosophie. Sie verband beide Interessen, die Romanistik und die Philosophie, in ihrer akademischen Lehre in Peru, wo sie an der Universität Lima auch auf eine Romanistikprofessur berufen worden war. Von ihr stammt die erste Übersetzung von Heideggers „Sein und Zeit" (1927) ins Spanische. Noch Ende der Sechzigerjahre schickte ich ihr Kopien aus der aktuellen Forschungsliteratur für ihre letzte große Publikation, eine Heraklit-Monographie in spanischer Sprache. Für ihre Verdienste für die deutsche Kulturarbeit im Ausland erhielt sie das Bundesverdienstkreuz. Bei ihren Besuchen in der alten Heimat fand sie sich immer auch für ein paar Tage auf dem Baierhof ein. Sie war äußerlich mit dem Kurzhaarschnitt ihrer dunklen Haare, schwarzer Kleidung und einer mächtigen roten Halskette eine etwas exotische, jedenfalls, wie mir schien, zu ihrer spanisch-indianischen Lebenswelt passende Erscheinung mit zwar unaufdringlichem, aber doch erkennbar selbstbewusstenergischem Auftreten – für mich sicher das prägnanteste und auch ein wenig einschüchternde Beispiel einer unabhängigen, emanzipierten Frau.

Wieder anders lag die Sache bei einer weiteren Schulfreundin meiner Mutter, diesmal nicht aus München, sondern aus dem Berlin der späten Zwanzigerjahre. Ich lernte die Dame erst in den Siebzigerjahren kennen, als sie zu einem längeren Besuch nach Reit kam, hatte aber oft gesprächsweise von ihr gehört und wusste, dass die Mutter über Jahrzehnte mit ihr in Briefkontakt gestanden hatte. Es handelte sich um Ursel Bab, eine Tochter des in der Literaturszene des späten Kaiserreichs und in der Weimarer Republik sehr bekannten Gelehrten-Literaten Julius Bab (*1880, †1955). Er war einer der profiliertesten Vertreter des liberalen und nationalen deutsch-jüdischen Bildungsbürgertums seiner Generation, hatte als freier Autor zahllose Bücher über literarische Themen publiziert, von Shakespeare über Heinrich von Kleist bis Richard Dehmel, hatte schon 1915 die erste Anthologie deutscher Kriegslyrik im Ersten Weltkrieg und 1919 die erste Anthologie deutscher Revolutionslyrik herausgegeben und weitere Bücher kulturhistorischen Inhalts verfasst. Nach 1933 hatte er sich als zweiter Vorsitzender des Schutzbunds für jüdische Kultur engagiert, bis er mit seiner Familie 1939 gerade noch rechtzeitig Deutschland verlassen konnte. Er hatte ein künstlerartig offenes Haus geführt, in dem meine Mutter als Freundin der Tochter voller Bewunderung für diese Lebensform ein- und ausgegangen war und dabei die gelegentliche Bespöttelung als Renommiergoj der Familie Bab gerne in Kauf genommen hatte.

Die noch immer in London lebende Besucherin blieb zwei Wochen, gebracht und wieder abgeholt von ihrem Mann, einem Prager Juden namens Loewinger. Mit diesem verstand sich mein Vater prächtig, nicht zuletzt auf Grund der gemeinsamen Prägung durch die späte Habsburgermonarchie. So konnte ich denn erleben, wie sich die beiden Männer bei viel Grünem Veltliner in einen wahren Erzählwettstreit mit Geschichten aus Wien und Prag, Kaiser-Franz-Joseph-Schnurren und Judenwitzen hineinsteigerten. Weniger glücklich verlief das Wiedersehen der beiden alten Freundinnen. Die jüdische Literatentochter hatte sich zu einer freundlichen, aber ganz und gar bieder-nüchternen Hausfrau entwickelt, die kein Verständnis dafür aufbringen konnte, dass ihre frühere Schulkameradin eisern an ihrer fragilen Lebensform als zunehmend vereinsamende Bewohnerin eines alten Bauernhauses weitab vom Dorf oder gar einer Stadt festhielt und sich um keinen Preis von diesem unbequemen und auch noch Kosten und Arbeit verschlingenden Wohnsitz trennen wollte. Ruhig vor sich hin strickend und nähend entwickelte Frau Bab Pläne für ein unkompliziertes und von adäquater Gesellschaft umgebenes Leben in der Stadt, ohne zu merken, dass sie damit an dem Lebenszuschnitt rüttelte, den sich die Mutter nach Heirat, Kriegsende und den erschütternden Schicksalen ihrer Eltern an der Seite eines zwar interessanten, aber überimpulsiven und vor allem finanziell erfolglosen Mannes zurechtgelegt hatte und den sie gegen alle inneren und äußeren Anfechtungen verteidigte. So endete der Besuch mit einer tiefen Entfremdung, und auch der Briefwechsel der beiden alten Damen schlief nach Jahrzehnten des Zusammenhaltens über große Entfernungen hinweg ein. Viele Jahre später fand ich im Nachlass der Mutter einen Brief von Elisabeth Bab, der Gattin von Julius Bab – offenbar das erste Schreiben eines Mitglieds der Bab-Familie nach Emigration und Krieg. Sie berichtete darin ausführlich, wie es allen Söhnen und Töchtern in der Zwischenzeit ergangen war und wo und in welchen Stellungen sie sich jetzt befanden. Ich suchte dann im Gästebuch nach und fand für den Sommer 1953 eine Eintragung der alten Frau Bab, in der sie sich für den „schönen Tag" auf dem Hof in Reit bedankte.

Einen merkwürdig starken Eindruck hinterließen bei mir im Alter von sechs bis fünfzehn Jahren vier Begegnungen mit sehr alten Herren aus tiefer Vergangenheit. Zwei dieser Begegnungen waren äußerst flüchtig und die dritte überhaupt nur virtuell. Sicherlich war es ihre Verbindung mit der Großvaterlegende, die sie mir auf so nachhaltige Weise einprägte. Ohne Zweifel stärkten sie in mir das Bewusstsein, von der Familie her etwas Besonderes zu sein, und es scheint mir sicher, dass sie auch mein Interessenprofil beeinflussten, das sich allmählich trotz meiner miserablen Schulleistungen herausbildete.

Als ich zwölf oder dreizehn Jahre alt war, nahmen mich meine Eltern trotz meines Widerstrebens zu einem Besuch in Grabenstätt mit, einem Ort in der Nähe des Chiemsees. Dort lebte ein alter Verwandter aus der großmütterlichen Nürnberger Linie. Sein Vater war wegen seiner Verdienste um das Königreich Bayern noch kurz vor dem Ende der Monarchie nobilitiert worden. Er war Mitinhaber und Direktor einer florierenden Privatbank gewesen und lebte jetzt, etwa fünfundsiebzigjährig, in seinem stattlichen Landhaus, neben dem aber noch eine herrschaftliche Wohnung in München existierte. Wieder hatte mich die Mutter gewarnt. Herr von Thelemann gehöre zwar zur weiteren Familie, sei aber mit Vorsicht zu genießen. Er sei überzeugter Nazi gewesen – und das war er, wie sich bald herausstellte, mehr oder weniger immer noch. Er trat uns in seinem überaus geräumigen und mit schwerem Mobiliar aus der Zeit vor 1900 ausgestatteten Arbeits- und Wohnzimmer entgegen, aus alter Gewohnheit bemüht, eine herrscherlich-majestätische Aura zu verbreiten. Dieser Anspruch stand jedoch, etwas paradox ausgedrückt, auf tönernen Füssen, denn auf einem mächtigen, straff aufrecht gehaltenen Körper saß ein winziger Kopf, der auch durch die graue Schnurrbartbürste und die Virginia im Mund nicht an Würde gewann. Man setzte sich an den Kaffeetisch – ob eine entsprechende Gattin dabei war, weiß ich nicht mehr – und begann ein Gespräch, das mich, so jung ich auch war, doch sehr erstaunte. Von der Mutter wusste ich, dass sich Herr von Thelemann in den ersten Jahren nach dem Krieg in seinem Büro in der Bank gerne hatte verleugnen lassen, wenn unangenehme Personen oder Fragen auf ihn zuzukommen drohten. Jetzt sprach er viel und voll Abscheu und Verachtung von den Zuständen unter der Besatzungsherrschaft, von unwürdigen Entnazifizierungsprozessen und insgesamt von der empörenden Behandlung des deutschen Volks durch die Siegermächte. Auch am aktuellen kulturellen oder geistigen Zustand der Nation fand er kaum etwas Gutes, verwunderte sich darüber aber auch nicht weiter, war dieser Zustand doch schon seit Jahrzehnten durch zersetzende Einflüsse von bindungslosen und nur noch kritisch orientierten Literaten vorbereitet worden. Erst vor kurzem habe er, Herr von Thelemann, wieder einmal in Hugo von Hofmannsthals Schauspiel „Der Turm" hineingeschaut und es alsbald angeekelt weggelegt – verkommene Figuren, krumm und halbseiden, viel Jüdisches eben. „Nein", deklamierte er ausdrucksvoll und nahm dafür betont die Virginia aus dem Mund, „das ist alles kein Wunder."

Das ging noch lange so weiter, kaum unterbrochen von beiden Eltern, worüber ich mich nun doch wunderte. Konnte man denn das alles unwidersprochen lassen? Der Vater pflegte in Gesprächen, sobald sie eine solche Richtung einschlugen, nicht lange stillzuhalten. Von der Mutter wusste ich, dass sie auch und gerade in kritischen Situationen vom Stil und Tonfall der höflichen und gewandten Konversation nicht abließ. Hier nickte sie nur ab und zu höflich, etwas müde und abwesend. Beide Eltern vermieden es sichtlich, sich auf eine Debatte einzulassen, die Mutter ohne Zweifel aus reiner Familienräson und der Unfähigkeit zu politischem Streit, der Vater wohl deshalb, weil er sich als bloß angeheirateter und noch dazu österreichischer Ehemann aus den unteren Ständen nicht danebenbenehmen wollte. Auf der Rückfahrt stellte ich die beiden dann aber doch zur Rede und fragte sie, warum wir eigentlich bei so jemandem Besuch machen müssten. Das sahen die Eltern danach wohl ebenso, zu weiteren Ausflügen nach Grabenstätt ist es nicht gekommen. Ihnen war sicher auch klar geworden, dass sie selbst bei weiteren, ähnlich verlaufenden Besuchen jede Glaubwürdigkeit eingebüßt hätten. Und mit dem allzu häufig vorgebrachten Argument, „das ist eben Familie, da muss man hin", konnte man mich gerade in diesen Jahren verjagen. Aber dass es keinen Sinn gehabt hätte, sich mit dem uneinsichtigen und selbstgefälligen alten Mann in einen politischen Streit einzulassen, weiß ich heute auch.

Virtuell blieb die Begegnung mit Theodor Heuss. Ich war beim Heuen auf der anderen Seite des Tals, als der Bundespräsident im Sommer 1951 mit Ehefrau Elly und Sohn Ludwig unangekündigt vorfuhr, plötzlich im Hausflur stand und meine überraschte Mutter mit seiner tiefen Stimme ansprach: „Wo ist die Mutter?" Er kannte und schätzte Maria Hamm von den Gesellschaften her, die sie zusammen mit ihrem Mann, häufig auch im Rahmen der verbandsoffiziösen Verpflichtungen beim Deutschen Industrie- und Handelstag, von 1925 bis 1935 in Berlin ausgerichtet hatte. Mitte der Dreißigerjahre war er auch schon auf dem Hof in Reit zu Besuch gewesen und im Krieg hatte er sicherheitshalber einen Durchschlag seines Robert-Bosch-Manuskripts dort deponiert, worüber meine Mutter nach dem Tod Ihres Vaters auch mit Heuss korrespondiert hatte. Das jung verheiratete Paar Hardtwig hatte in Stuttgart, wo der Vater in den letzten beiden Kriegsjahren stationiert war, auch schon Besuch gemacht, mit gemischten Gefühlen, da sich Elly Heuss-Knapp bei dieser Gelegenheit nicht von ihrem Liegeplatz auf dem Sofa erhoben und offenbar eine etwas uninteressiert-herablassende Attitüde an den Tag gelegt hatte – was aber vermutlich mehr auf ihre Herzkrankheit als auf Unhöflichkeit zurückzuführen war. Heuss sprach lange mit der bettlägerigen Großmutter. Er bekam Kaffee und frisch gepflückte Erdbeeren vorgesetzt und zeichnete schließlich mit seinem Kohlestift noch eine – etwas dramatisierte – Ansicht des Hofs vor einem dahinter allzu abrupt aufsteigenden Berg ins Gästebuch.

Trotz der Privatheit des Besuchs hatte sich die Anwesenheit des Präsidenten im Dorf rasch herumgesprochen. In Zeiten, in denen Prominente aller Art ihre Aura noch nicht durch die heutige mediale Allpräsenz weitgehend eingebüßt hatten, war so ein Besuch in der Provinz noch ein echtes Ereignis. Bei der Rückfahrt in sein Feriendomizil in Aschau fing ihn der Bürgermeister ab und der geplagte Heuss ließ freundlich noch eine Führung durch den Ort über sich ergehen. Dem baldigen Bericht im Traunsteiner Wochenblatt zufolge lobte er höflich die Schönheit des stark vom Tourismus abhängigen Dorfes und auch seiner „Barockkirche", wobei der Unterschied zwischen Barock und Neubarock dem Bundespräsidenten wohl, dem Berichterstatter aber kaum bewusst gewesen sein wird.

Es muss die mütterliche Erzählung über diesen Besuch gewesen sein, die mich ein paar Jahre später im großen Bibliothekszimmer unter dem First des Bauernhauses zu einer gerade erschienenen Heuss'schen Sammlung von Reiseskizzen „Von Ort zu Ort. Wanderungen mit Stift und Feder" (erste Auflage 1959) greifen ließ. Das Buch repräsentiert eine Literaturgattung, die ich, wiederum ein paar Jahre später, als typisch für behäbige Provinzialität, ästhetisierenden Quietismus und eine, wie ich meinte, selbstgenügsam apolitische Bürgerlichkeit verachtete. Mit sechzehn inspirierte es mich zu meiner ersten sommerlichen

Fahrradtour, die mich ins Hohenloher Land und an den Neckar führte. Gut 45 Jahre später griff ich anlässlich der Herausgabe des reichlichen und historisch ergiebigen Briefwerks von Heuss auch wieder zu den Skizzen und Essays, mit denen sich Heuss als junger Journalist und späterer liberaler Politiker in der Inneren Emigration erst einen Namen und nach 1933 ein mühsames Auskommen verschafft hat. In den „Wanderungen" fand das antiquarische Geschichtsbewusstsein, wie es in den Historischen Vereinen vielfach bis heute kultiviert wird, einen literarisch liebenswürdigen Ausdruck. Die historisch-politischen Profile in „Deutsche Gestalten. Studien zum 19. Jahrhundert" (erste Auflage 1947), die Heuss im „Dritten Reich" für die Frankfurter Zeitung geschrieben hatte, bestechen durch ihre souveräne Prägnanz auf der Grundlage umfassender historischer Bildung. Sie verleugnen auch nicht den liberal-humanistischen Werthorizont des Autors. Dass solche Essays zwischen 1933 und 1945 veröffentlicht werden konnten, lässt sich unterschiedlich deuten. Gediegene bildungsbürgerliche Schriftstellerei im „Dritten Reich" war offenbar möglich, was man als Folge ihrer politischen Substanzlosigkeit verstehen kann. Umgekehrt aber ist festzustellen, dass sich der literarische Markt einige Freiräume bewahrt hatte, denn als unpolitisch würde ich erkennbar mit ihrem Gegenstand sympathisierende Essays wie die über Rudolf Virchow, Gottfried Semper, Theodor Mommsen, Lujo Brentano, Hans Delbrück oder den von Heuss verehrten Max Weber nicht bezeichnen.

Auch den nächsten illustren Besuch hätte ich fast verpasst. Er muss ein paar Jahre später stattgefunden haben. Als ich von der Schule zurückkam, fuhr vor dem Hof gerade ein stattlicher schwarzer Wagen an. Er hielt noch einmal, und ich sah im Fond einen kleinen rundlichen, sehr alten Herrn sitzen. Die Mutter stellte mich ins offene Fenster hinein vor, darauf erschien eine

Hand zu einem festen Händedruck und ich hörte: „Das ist also der Enkel, dem gebe ich gern die Hand." Dann ging das Fenster wieder hoch und das vornehme Auto bog in den Weg zum Ort hinunter ein. Es war Hans Luther (*1879, †1962), 1922/23 Ernährungsminister im Kabinett Cuno, von 1923 bis 1926 Finanzminister in den Kabinetten Stresemann I und II sowie in den Kabinetten Marx I und II und in diesen Jahren Kabinettskollege von Eduard Hamm. 1925/26 hatte er als Reichskanzler den ersten beiden rein bürgerlichen Regierungen der Weimarer Republik vorgestanden und den Locarno-Vertrag als großen Schritt zur Verständigung Deutschlands mit dem Westen vertreten und unterzeichnet. Nach dem spektakulären Rücktritt von Hjalmar Schacht im April 1930 hatte er bis zu seiner Entlassung durch Hitler im Sommer 1933 das Amt des Reichsbankpräsidenten ausgeübt. Der Großvater hatte Luther geschätzt und seiner politischen Linie nahegestanden. Hamm verkörperte ähnlich wie Luther, der der rechtsliberalen Deutschen Volkspartei nahestand, aber nicht angehörte, mehr den Typus des tüchtigen Verwaltungspolitikers als des Parteipolitikers, teilte seine wirtschaftsnahen Ansichten zur Haushaltspolitik und gehörte als sehr aktives Mitglied auch dem Bund zur Erneuerung des Reiches an – ironischerweise nach seinem Vorsitzenden auch Lutherbund genannt – der sich seit 1927 um eine Reform der Reichsverfassung bemühte, wobei eine Stärkung der Exekutive und eine stärkere Zentralisierung im Vordergrund standen.

Das alles wusste ich damals natürlich noch nicht. Im Gedächtnis blieben aber die aufregenden Titel Minister und Reichskanzler, die mich mit sechzehn oder siebzehn Jahren dazu animierten, nach dem Memoirenband „Politiker ohne Partei" (1960) zu greifen, den Luther als Gastgeschenk zurückgelassen hatte. Vom Inhalt verstand ich selbstverständlich nur wenig, griff aber zur Ergänzung auch noch zum Memoirenband von Otto Gessler, „Wehrpolitik in der Weimarer Republik" (1958), der ebenfalls den Weg in die Bibliothek gefunden hatte. Aufgrund dieser Lektüre hielt ich mich dann in der Schule für einen Experten, der es nicht mehr für nötig erachtete, auch die aufgegebenen Kapitel über Weimar im Schulbuch nachzulesen. Die beiden Bände blieben aber, abgesehen von der Großvater-legende natürlich, weiterhin die Hauptstützen meines Interesses an dieser Zeit, bis ich mein erstes Proseminar über die Weimarer Republik vorbereitete.

Von der letzten Gestalt aus der politischen Vergangen-heit des Großvaters, der ich noch selbst begegnete, bekam ich ebenfalls persönlich nur noch wenig mit. Es handelte sich um Georg Hohmann, Orthopäde an der Münchner Universität, neben Gessler, Hamm, dem Historiker Walter Goetz und dem Archäologen Ludwig Curtius vor dem Ersten Weltkrieg Mit-glied des Münchner Naumann-Kreises und seit der Gründung des bayerischen Landesverbands der Deutschen Demokrati-schen Partei im Winter 1918/19 dessen Vorsitzender. Er zog sich schon 1920 aus der aktiven Parteipolitik zurück, blieb der DDP aber verbunden. 1946 ernannte ihn die amerikanische Verwaltung zum ersten Nachkriegsrektor der Ludwig-Maxi-milians-Universität. Er besaß ein Landhaus in Bergen nahe dem Chiemsee, und dahin wurde ich im Alter von etwa fünf-zehn Jahren zu einem Besuch mitgenommen. Vom Gespräch bekam ich, außer einer gewissen patriarchalischen Würde und absoluten familiären Dominanz des sehr alten Mannes, nichts mit, schon deshalb, weil mich seine mit mir etwa gleichaltrige Enkelin alsbald vom Tisch wegzog und, auf einem Sofa neben mir sitzend, angeregt mit mir plauderte, während sie mir frei-mütig in die Augen schaute.

Auch hier war es dann ein Buch, das dem Besuch einen gewissen Nachdruck verlieh. Ich erinnere mich noch, wie Hohmann es meiner Mutter beim Abschied in die Hand drückte und sinngemäß dazu sagte: „Es hat nichts mit den Liberalen zu tun, aber es ist interessant." Es handelte sich um die Lebenserinnerungen von Ernst Niekisch, „Gewagtes Leben. Begegnungen und Begebnisse" (1958). Niekisch war nach der Ermordung Kurt Eisners am 21. Februar 1919 zum Vorsitzenden des Zentralrats der Arbeiter-, Bauern- und Soldatenräte Bayerns gewählt worden, hatte sich aber in den Monaten danach der Radikalisierung der Münchner Räterepublik widersetzt. Seit 1925 der führende Kopf des deutschen Nationalbolschewismus, trat er zunächst in Opposition zur Republik, seit 1933 aber auch zum NS-System, und saß seit 1937 wegen Hochverrats im Zuchthaus Brandenburg ein. Nach dem Krieg der SED beigetreten, gehörte er zunächst dem Volkskongress, seit 1949 der Volkskammer an und wurde 1948 auf eine Professur an der Humboldt-Universität berufen, fiel jedoch wegen seiner von der SED-Lesart abweichenden Sicht auf die Novemberrevolution bald in Ungnade. 1953 übersiedelte er in die Bundesrepublik, wo er bis zu seinem Tod 1967 um Rente und Wiedergutmachung kämpfte. Sein Lebensbericht tauchte wesentlich später als die Bücher von Luther und Gessler im Fokus meines Interesses auf – eine recht trockene und wegen ihres mitunter rechthaberischen Tones teilweise auch unangenehme Lektüre. Aber die persönliche Einfärbung des Buchbesitzes animierte mich doch, bis zum Ende durchzuhalten. Es war die erste historische Quelle, die ich aus dem linksradikalen Milieu der Weimarer Republik zur Kenntnis nahm.

Der Kontakt zu Georg Hohmann war der einzige aus dem Kreis des Großvaters, aus dem sich ein familiärer Kontakt auch über die beiden nächsten Generationen ergab. Hohmanns

Tochter war eine Schulfreundin der Mutter. Sie hatte in zweiter Ehe den Bildhauer Hans Wimmer geheiratet. Er war ein Urbajuware aus einfachen Verhältnissen, stammte künstlerisch aus der Münchner Schule der Bildhauerei in den Zwanziger- und Dreißigerjahren und entwickelte deren Neoklassizismus in einer vitalen und originellen Weise weiter. Seit der Mitte der Dreißigerjahre schuf er eine lange Reihe eindrucksvoll stilisierter Charakterköpfe bedeutender Künstler und Gelehrter, von den Dirigenten Wilhelm Furtwängler und Hans Knappertsbusch über den österreichischen Dramatiker Richard Billinger bis zu dem Archäologen Ernst Buschor und zu Martin Heidegger. Gelegentlich erzählte er, wie er es als Anfänger geschafft hatte, den knorrig-abweisenden Knappertsbusch zum Sitzen zu bewegen. Nach einem Konzert passte er den von ihm verehrten Dirigenten am Ausgang des Konzerthauses Odeon ab, hielt ihm einen anderen von ihm gefertigten Kopf entgegen und sagte: „Ich bin Bildhauer. Ich möchte Ihren Kopf machen." Damit weckte er das Interesse des Maestro und kam zum Ziel, gefördert sicher auch durch die bajuwarische Wesensverwandtschaft der beiden. Die politische Fragwürdigkeit des „Kna" spielte bei dieser Begegnung zweier selbstbewusster Künstlernaturen keine Rolle, so wenig wie bei der Arbeit an der Heidegger-Büste, an der allerdings ein starker Zug zum Listigen, fast Schlauen auffällt. Für Wimmer war bei der Auswahl seiner Porträtbüsten in einer damals selbstverständlichen Weise das ästhetische Kriterium maßgebend, wie ‚markant' die Köpfe der Künstler/Gelehrten waren, die er sich vornahm. Wimmer hatte von seiner bäuerlichen Herkunft her auch eine besonders gute Hand für Pferdeplastiken, wie sie z.B. auf dem Marktplatz in Pfarrkirchen zu sehen sind.

Überhaupt waren seine Beiträge zur Gestaltung des öffentlichen Raums in den Nachkriegsjahrzehnten beachtlich, zum

Teil auch stilbildend, so etwa in München mit dem Reiterdenkmal für Kaiser Ludwig den Bayern am nördlichen Toreingang der Burg und vor allem mit dem Richard-Strauss-Brunnen in der Kaufingerstrasse nahe der Fassade von Sankt Michael, aber auch mit der Neugestaltung eines Kriegerdenkmals auf dem Friedhofsgelände in Reutlingen.

Die familiären Beziehungen waren locker, aber beständig. Die Mutter war wohl ein wenig verliebt in den bodenständigen, großen und schlanken Mann, den trotz oder vielleicht auch wegen seiner zurückhaltend-wortkargen Erscheinung ein Fluidum von Originalität umgab. Die beiden Männer schätzten sich deutlich erkennbar, sicher wegen der ähnlichen Unverbildetheit ihres präbürgerlichen Wesens. Zudem wies auch das berufliche Schicksal der beiden inkomparablen Figuren eine gewisse Ähnlichkeit auf, wenn es auch den Vater sehr viel härter getroffen hatte. Trotz seiner unbestreitbaren künstlerischen Leistung und auch trotz der öffentlichen Anerkennung, wie sie sich in den Aufträgen für die Stadt München zeigte, schaffte es Wimmer nicht, an die Akademie der bildenden Künste in München berufen zu werden, er blieb auf einer Professur der weit weniger angesehenen Nürnberger Kunsthochschule sitzen. Beide Elternpaare hätten es wohl gerne gesehen, wenn sich ihre Kinder zu einer institutionellen Beziehung hätten entschließen können. Aber dafür waren trotz dauerhafter und zeitweilig auch heftig aufflammender gegenseitiger Zuneigung weder die Schwabinger Künstlertochter noch der unbeholfene Physikersohn aus dem oberbayerischen Dorf gemacht.

Seit der Mitte der Fünfzigerjahre erweiterte sich der Bekanntenkreis der Familie um einige originelle Gestalten, die zusätzlich zum örtlichen Quartettkreis der Mutter weitere musikalische Aktivitäten ins Haus brachten. Eines Tages erschien ein Mann auf dem Hof, der sich als Fritz Hübsch, Professor für Klavier an der Musikhochschule München, vorstellte und mit Frau und Schulmusik studierender Tochter seine Ferien und viele Wochenenden in einer Dachwohnung verbrachte, die er in einem der großen Höfe am Ortsrand von Reit im Winkl langfristig gemietet hatte. Er war dem Hinweis eines Bundesbruders aus dem Akademischen Gesangverein (AGV) in München auf die Familie Hardtwig nachgegangen. Fortan gab es häufige Besuche und ein- bis zweimal im Jahr ein kleines Privatkonzert auf dem Meyer-Stutzflügel im oberen Flur des Bauernhauses. Der Flur war geräumig als Wohnraum eingerichtet und bot Platz für bis zu 15 Zuhörer aus dem Reiter musikinteressierten Bekanntenkreis oder von mitgebrachten Gästen. Die Akustik zwischen den nur wenig verputzten Holzbalken des oberen Stockwerks war hervorragend, von den Wänden blickten ein fein gestochenes Beethovenporträt aus dem 19. Jahrhundert und das reich mit Schnitzwerk verzierte Wappen der großmütterlichen Familie von Merz herab.

Oberer Flur mit Flügel

Das Schwalbennest an einem Deckenbalken des Raums, an dem wir als Kinder alle Jahre wieder das lebhafte Treiben eines Schwalbenpaares bei der Fütterung des Nachwuchses beobachten konnten und dessentwegen die Flurtür zum Balkon vom Frühjahr bis zum Herbst bei jedem Wetter offenblieb, war seit dem Tod der Großmutter 1955 verwaist – im Einklang mit der Rede des Volksmunds, dass Schwalben ihr Nest nach einem Todesfall im Haus jahrelang meiden.

Die Konzerte begannen in der Regel mit einem Stück eines alten Meisters, Bach oder Scarlatti, steigerten sich dann zu einer oder zwei Mozart- oder Beethovensonaten und endeten mit etwas Romantischem und Virtuosem, ein paar Préludes oder Etüden von Chopin oder einem Stück von Ravel oder Débussy. Es dauerte knapp zwei Stunden, ohne Pause, aber zwischendurch mit ein paar Erläuterungen zum nächsten Stück durch den Pianisten. Danach gab es ein leichtes, aber festlich gedecktes Essen mit gutem Wein, bei dem der Meister, vom Spielen aufgekratzt und vor Witz sprühend, Musikeranekdoten zum Besten gab. Wenn er dann langsam müde wurde, übernahm zunächst der Vater, bevor der Abend in den ruhigen Ton allmählich ausklingender allgemeiner Unterhaltung fiel. Gelegentlich trafen sich auch ein sonstiger männlicher oder weiblicher Gast mit dem Pianisten am Flügel, dann wurde ad hoc in erstmaligem Zusammenspiel eine Beethoven-Violinsonate oder ein sonstiges Stück in Angriff genommen, wobei es schon vorkommen konnte, dass sehr unterschiedliche Temperamente aufeinandertrafen und das harmonische Zusammenspiel erkennbar viel Disziplin und den Verzicht auf das Durchsetzen des eigenen Kopfes auf beiden Seiten verlangte.

Eines Tages brachte die Tochter unangekündigt eine Freundin ins Haus, ebenfalls Musikstudentin. Wir sahen uns an – es zündete auf den ersten Blick. Jutta kam nun öfter nach Reit, manchmal zusammen mit ihren zwei Brüdern, der eine Theologiestudent und hervorragender Geiger, der andere künftiger Jurastudent und ein ebenso hervorragender Cellist. Jetzt musizierten die Jungen alleine, das übliche Trio-, Quartett- und Quintett-Repertoire.

Musizieren mit Freundin Jutta (vorn) und Trixi

Von jetzt an entdeckte ich auch, dass sich der chronischen Entzündung meiner Nasennebenhöhlen, die mich bis ins Alter immer wieder mit der Folge häufiger Infekte quälte, auch eine positive Seite abgewinnen ließ. Ich musste in regelmäßigen Abständen die Münchner Polyklinik aufsuchen, um nach der in jenen Jahren üblichen Methode die Nebenhöhlen anstechen und absaugen zu lassen. Diese Aufenthalte suchte ich jetzt trotz ihrer Unannehmlichkeiten zu vermehren und auszudehnen, um die Freundin, die mitten im Studium war, in ihrer kleinen

An einer Berghütte mit den Musikfreunden

Studentenwohnung im Dachgeschoss einer bescheidenen Moos-
acher Villa zu besuchen oder lange Spaziergänge im Englischen
Garten zu unternehmen. Die Liebe hielt ein paar Jahre und
nahm dann ein recht plötzliches und unerwartetes Ende. In
den Erzählungen der Freundin tauchte eines Tages ein hervorragend Querflöte spielender, älterer Kommilitone auf – und
mit der von ihm angestrebten Solisten- und Professorenlauf-
bahn ein vielversprechender dazu. Dieser Konkurrent meinte
es offensichtlich ernst, wollte heiraten und drang damit, nach
entsprechenden erst leisen, dann deutlicheren, aber erfolglosen
Sondierungen der Freundin bei mir, durch.

   Die Beziehung blieb aber trotz ihres etwas abrupten Endes
nicht ohne Folgen, rein kulturellen wohlgemerkt, wie es sich
in unseren Kreisen Mitte der Sechzigerjahre noch gehörte. Bei
meinen Besuchen in München wurde ich alsbald mit den Musik
studierenden Freunden der beiden jungen Damen bekannt ge-

macht und von dem ganzen Kreis ins Münchner Konzert- und Opernleben eingeführt. So kam ich erstmals in eines der Abonnementkonzerte des Symphonieorchesters des Bayerischen Rundfunks im Herkulessaal der Residenz. Chefdirigent des Orchesters war damals nach der Ablösung Eugen Jochums, des Bruckner-Interpreten der Vierziger- und Fünfzigerjahre, der Böhme Rafael Kubelik geworden, ebenfalls ein bedeutender Bruckner-Dirigent. Das erste Konzert, mit einer Mozart- und einer Brucknersymphonie, beeindruckte mich schwer, und ich schaffte es von jetzt an öfter, meine Krankenhausbesuche so zu organisieren, dass ich immer wieder einmal eine Bruckner-, Beethoven- und Mozartsymphonie live hören konnte. Auch der Opernbesuch, zu dem ich gegen anfänglich heftiges Widerstreben mitgeschleift wurde, erwies sich als erfolgreich. Auf einem Stehplatz auf der Galerie des nach der Zerstörung im Krieg gerade erst neu aufgebauten Nationaltheaters, knapp unter der Decke mit dem gewaltigen Lüster, erlebte ich meine Bekehrung zum Fan, ausgerechnet mit einer damals viel gerühmten und noch jahrzehntelang im Repertoire gebliebenen kanonischen Inszenierung des „Rosenkavalier", bei der ich begriff, dass man die Musik genießen konnte, ohne unbedingt an dem ausladenden Kostüm- und Dekorationswesen oder gar den Libretti dieser Musikgattung Gefallen finden zu müssen.

Ich verdanke der Freundin auch noch ein weiteres musikalisches Initiationserlebnis, das bis heute nachwirkt. Sie nahm mich in den Saal des Deutschen Museums zu einer Aufführung von Bachs Matthäuspassion mit Karl Richter mit. Richter stand als Leiter des Münchner Bachorchesters und -chores, ähnlich wie Kubelik, auf dem Höhepunkt seines Wirkens. Mit seiner unakademischen, vibrierend lebendigen und hochexpressiven Deutung der Bach'schen Musik revolutionierte er die Aufführungspraxis der Oratorien und verlieh ihnen einen Schwung, als wären sie hochdramatische Barockopern in konzertanter Aufführung. In der Münchner Musikszene dieser Jahre genossen die rituellen österlichen Aufführungen den Status einer Kulthandlung, bei denen der Dirigent nicht nur die Musik, sondern auch sich selbst entsprechend zu zelebrieren wusste. Seit der ersten, umwerfenden Erfahrung dieser Musik ist der österliche Besuch einer Bachpassion zum festen Bestandteil meines persönlichen Festkalenders geworden. Es mag sein, dass der musikalische Kunstgenuss zumindest teilweise die Stelle übernommen hat, die in einer einigermaßen intakten katholischen oder protestantischen Religiosität eigentlich dem österlichen Gottesdienstbesuch zukommt. Der Ausdruck „Kunstreligion", den die Bürgertumsforschung für solche Arten des Kunstgenusses gerne verwendet, leuchtet mir jedenfalls sehr ein.

Innerhalb der Verwandtschaft nahm Onkel Ali – Alexander von Reitzenstein – eine Sonderstellung ein. Die häufigen beiderseitigen Besuche stützten sich sehr viel mehr auf die ähnlichen kulturellen Interessen als auf die sehr weitläufige verwandtschaftliche Beziehung. Diese hing irgendwie mit meiner Urgroßmutter Niederleuthner zusammen, die aus dem Passauer Gasthof Zum wilden Mann heraus meinen Urgroßvater Hamm geheiratet hatte. Das Grab der Niederleuthners auf dem Innstadtfriedhof in Passau drohte aufgelassen zu werden, und Onkel Ali sondierte, ob es noch irgendjemanden gab, der außer ihm bereit war, für die Verlängerung des Pachtvertrages zu bezahlen. Das Geld war zwar in der Familie Hardtwig sehr knapp, aber einer solchen familiären Verpflichtung konnte sich die Mutter keinesfalls entziehen und der Vater fügte sich schon deshalb, weil Widerstand in diesem Punkt auf absolutes Unverständnis der Mutter gestoßen wäre.

Sie hatte Onkel Ali auf den Familientreffen kennengelernt, die ihr Vater in den Jahren des „Dritten Reichs" organisiert hatte. Solche Familientreffen kamen ursprünglich aus der Tradition adliger Lebensformen, waren aber mit dem Aufstieg großbürgerlicher Familien im 19. Jahrhundert von diesen übernommen worden. Zudem war der Großvater ein ausgesprochener Familienmensch, dem die Kontakte und der Zusammenhalt gerade auch in diesen schwierigen Zeiten am Herzen lagen. Er pflegte sie sorgsam, litt unter den gerade jetzt unausweichlichen Spannungen und betrieb in seinen letzten Jahren, wenn sich Gelegenheit dazu bot, gerne Ahnenforschung. Onkel Ali hatte, so die Mutter, demonstrativ Distanz gewahrt und war nur widerwillig zu den Treffen erschienen. Danach war er aus dem familiären Blickfeld verschwunden. Der mütterlichen Erzählung zufolge wies er vor allem zwei Eigenschaften auf: ungewöhnliche Hässlichkeit und eine ebenso ungewöhnliche Beredsamkeit.

Zu meiner Überraschung fand ich diese Charakterisierung, als ich den Onkel spät, erst in meinem 18. Lebensjahr kennenlernte, vollkommen zutreffend, wobei mich das Aussehen ohne die Vorwarnung gar nicht gestört hätte. Der Onkel war eher kleinwüchsig, gepflegt gekleidet und sein Gesicht wies Züge auf, die irgendwie aus den Fugen geraten zu sein schienen: einen zu breiten Mund, asymmetrisch hervortretende Wangenknochen und eine Augenpartie in leichter Schiefstellung. Sobald er aber den Mund aufmachte, fühlte man sich vom leichten und eleganten, überaus witzigen, manchmal auch etwas artifiziellen Fluss der Rede sonderbar angezogen. Aus meinem historischen Wissensfundus kramte ich später den Vergleich mit Talleyrand heraus – dem ursprünglichen Bischof und späteren langjährigen französischen Außenminister, der sich von den Revolutionsjahren bis zu Napoleon immer am Ruder zu halten gewusst hatte und dessen bestrickende Beredsamkeit in Verbindung mit seinem Hinkefuß und seiner physiognomischen Abnormität zum literarischen Topos geworden ist. Bei ihm kam freilich noch die Intriganz und die Lust am Ränkespiel hinzu. Ich bin sicher, Onkel Ali hätte auch solche Eigenschaften aktivieren können, wenn er sie wirklich gebraucht hätte. Er wusste das auch und spielte gern auf solche Möglichkeiten an, wobei er sich sogleich auch ironisch über sie stellte.

In seiner beruflichen Laufbahn hatte er dergleichen aber nicht nötig gehabt. Viele Jahre war er als Konservator am Bayerischen Nationalmuseum für Waffen und Textilien zuständig gewesen und dann kurz vor seiner Pensionierung zum Gründungsdirektor des Bayerischen Armeemuseums in Ingolstadt berufen worden, dessen Einweihung er aber bereitwillig seinem Nachfolger hinterließ. Im höheren Alter hatte er sich auch noch auf eine ausgedehnte literarische Tätigkeit verlegt, mit fundierten kulturhistorischen Heimatbüchern wie „Franken" oder „Geschichten um das alte München" in der entsprechenden Reihe des Prestel Verlags. Vor allem aber hatte er große Teile von „Reclams Kunstführer Bayern" verfasst. Er schrieb einen gepflegten und etwas preziös-altväterischen Stil, den man durchaus genießen konnte, vorausgesetzt man hatte Sinn dafür. Reclams Kunstführer stellten eine für die Nachblüte des deutschen Bildungsbürgertums in den Jahrzehnten nach dem Zweiten Weltkrieg charakteristische verlegerische Innovation dar. Sie waren literarischer aufgemacht und insofern sehr viel lesbarer als der klassische, positivistisch-informierende und staubtrockene, eigentlich nur für Fachleute geeignete Dehio, der bis in die 1960er-Jahre dieses schmale Marktsegment beherrscht hatte. Ausführlicher als der Grieben Reiseführer, der bis dahin das Informationsbedürfnis des durchschnittlich interessierten, eher kunstfernen Reisenden befriedigt hatte, und anders als das klassische Reisehandbuch des deutschen Bildungsbürgers, der Baedeker, war er ganz auf die Kunst konzentriert und stellte auf seine Weise eine Spitzenleistung der deutschen Buchkultur dar. Natürlich bestanden zwischen den einzelnen Bänden erhebliche Unterschiede, die meisten aber stammten von Kennern der jeweiligen Materie, wie etwa „Venedig und Oberitalien" von Erich Hubala, und „Rom" von Anton Henze, aber auch – mit breiter Berücksichtigung der Moderne – „Berlin" von Helmut Börsch-Supan u.a.

Onkel Ali also hatte den Bayern-Führer, wie er es nannte: „verbrochen". Mit feiner Selbstironie berichtete er aus der Werkstatt des Autors seine immer wieder einmal auftretende Überraschung, wenn er eins der von ihm beschriebenen Werke nachträglich im Original zu sehen bekam und feststellen musste, dass es ganz anders aussah als von ihm auf der Grundlage der Literatur beschrieben – eine Kanzel etwa oder der Chor einer bescheideneren Pfarr- oder Klosterkirche in der Provinz. Immer schwebte seine durchgestaltete Erzählung zwischen Drastik, Ironie und Selbstironie. Das Direktorenamt des Armeemuseums etwa hatte man ihm „kurz vor der Pensionierung noch vor die Füße geworfen", seinen Vetter Herbert Brunner, Direktor des Residenzmuseums in München und anfänglich erster Autor des Reclam, hatte er in den späteren Auflagen „hinausgebissen". Dass Onkel Ali die in geringst denkbarer Auflage erscheinende Fachzeitschrift Waffen und Textilien herausgab und weitgehend auch selbst schrieb, kommentierte er mit dem lächelnd vorgetragenen Satz, man müsse eben „für seine Aufgabe glühen". Im langgestreckten und köstlich eingerichteten Wohn- und Arbeitszimmer des kleinen Landhauses sitzend, das er sich bei Eggstätt nahe dem Chiemsee gebaut hatte, schilderte er in bezaubernder Rede, wie er es geschafft hatte, die auf seinem Grundstück gelegene und längst außer Dienst gestellte alte Kapelle neu weihen zu lassen. Der Vorgang widersprach komplett der schon jahrzehntelangen und wohlbegründeten Stilllegungspolitik der Kirche und erfüllte nicht den geringsten geistlichen Zweck, außer dem Spleen des Herrn von Reitzenstein. Tatsächlich war es nicht nur ein Spleen. Wenn der feine, zartgliedrige alte Herr leicht amüsiert von den Erfolgen seiner Überredungskunst erst beim Ortspfarrer, dann beim zuständigen Referenten im Erzbischöflichen Ordinariat und beim Weihbischof, schließlich beim Kardinal persönlich erzählte, konnte man spüren, wie sich in seinem Geist bodenständiger katholischer Traditionalismus, Lust am heiter beredten Umgang mit den kirchlichen Hierarchen, sanfte Ironie über die aus der Zeit gekommenen Frömmigkeitsformen und Rituale der Kirche auf dem Land und doch eine tiefe, auch geistlich motivierte Anhänglichkeit an sie verbanden.

Ich respektierte die Denkweise und bewunderte die subtile Beredsamkeit dieses entfernten Onkels durchaus, aber zusammenfinden konnten wir nicht, trotz der gemeinsamen historisch-kunsthistorischen Interessenlage. Onkel Ali gehörte bildungsmäßig und intellektuell einer Generation an, die mir zutiefst ferngerückt war, und auch er konnte mit mir nichts anfangen. Als er mir am Ende einer langen Unterhaltung mit den Eltern die obligatorische Frage stellte, worüber ich denn arbeite, versuchte ich in kurzen Worten zu erklären, was ich mit meiner Dissertation über Jacob Burckhardt beabsichtigte – eine Art Geistes- und Gesellschaftsgeschichte des historischen Denkens im 19. Jahrhundert und die Prüfung ihrer möglichen Relevanz für die gegenwärtige Geschichtswissenschaft. Zum ersten Mal sah ich den alten Herrn ratlos und einen Moment lang auch stumm dasitzen, bevor er wieder Boden unter den Füßen gewann und darauf hinwies, dass es für einen jungen Historiker doch sehr viel besser sei, wenn er sich ein handfestes, begrenztes und aus den Archivquellen bearbeitbares Thema vornähme. Er selbst habe bei Wilhelm Pinder über die Baugeschichte des Bamberger Doms promoviert und zehre noch heute von dem, was er dabei gelernt habe.

Jahrzehnte später habe ich mich im Rahmen meiner Arbeiten zur Geschichtskultur des 19. Jahrhunderts auch mit dem spezifischen Geschichtsinteresse beschäftigt, wie es in den im 19. Jahrhundert florierenden Geschichtsvereinen und bei der Gründung und Frühgeschichte des Germanischen Nationalmuseums in Nürnberg zwischen Revolution 1848/49 und Reichsgründung 1871 gepflegt worden ist. Dabei stellte ich fest, dass von dieser Variante der Kulturgeschichte kaum ein Weg zu einer Geschichtsschreibung im Stil Jacob Burckhardts oder zu Johan Huizingas „Herbst des Mittelalters" führte. Man kann sie im Sinne von Nietzsches Klassifizierung in seiner „Zweiten unzeitgemäßen Betrachtung" als „antiquarisch" bezeichnen, im Gegensatz zu den beiden anderen Typen der „monumentalischen" und der „kritischen" Geschichtsbetrachtung. Das monumentalische Interesse gebraucht die Geschichte „als Mittel gegen die Resignation" und findet in ihr „Anreizungen zum Nachmachen und Bessermachen"; das kritische Interesse will aufzeigen, „wie ungerecht die Existenz irgendeines Dings, eines Privilegiums einer Kaste, einer Dynastie zum Beispiel" ist und „wie sehr dieses Ding den Untergang verdient"; das antiquarische Interesse dagegen gehört „dem Bewahrenden und Verehrenden, dem, der mit Treue und Liebe dorthin zurückblickt, woher er kommt, worin er geworden ist; durch diese Pietät trägt er gleichsam den Dank für sein Dasein ab". Man findet diese Form des Geschichtsinteresses, das natürlich kaum je in idealtypischer Reinheit, sondern in unterschiedlichsten Legierungen mit dem monumentalischen und kritischen Interesse vorkommt, vorzugsweise in der heute fast untergegangenen Welt der engagierten und gelehrten Dilettanten, in professionalisierter Form in den Museen. Als Achtzehn- oder Zwanzigjähriger empfand ich diese Form der Zuwendung zur Geschichte meinerseits als „unzeitgemäß", wurde später aber eines Besseren belehrt. Zum einen kam mir über die Arbeit meiner Frau das Denken und Tun der Museumsleute nahe, zum anderen gewann ich den Eindruck, dass die in den 1980er-Jahren aufkommende Alltagsgeschichte ganz wesentlich von diesem Interesse motiviert war. Sie war und ist sich dieser Tradition und ihrer theoretischen Fassung bei Nietzsche so gut wie gar nicht bewusst, fand ihren Ort aber, ganz wie im 19. Jahrhundert, hauptsächlich im außerakademischen Raum. Dieses antiquarische Interesse wurde in neuen Kleidern und in einem neuen Sprachstil vorgetragen und ideologisierte sich in der Konstellation der 1970er- und 1980er-Jahre vielfach stark klassenpolitisch. Es ging damit eine neuartige Liaison mit dem kritischen Geschichtsinteresse ein, wobei aber daran zu erinnern ist, dass auch die Kulturgeschichte des 19. Jahrhunderts wesentlich aus dem bürgerlichen Stolz auf die eigene kulturelle Leistung im Gegensatz zur lange hegemonialen Kultur des Adels und der adelsdominierten älteren Staatengeschichte motiviert war. Zwar ist es eine wunderliche Vorstellung, den Talleyrandartigen Grandseigneur Alexander von Reitzenstein und die jungen, protestbewegten AlltagshistorikerInnen im härenen Gewand versuchsweise nebeneinanderzustellen, aber die Geschichte präsentiert bekanntlich immer wieder überraschende Konstellationen.

Reisen *oder*
Die Entdeckung von Natur und Kunst

Das Reisen war in meiner Familie endemisch. Der Vater war als junger Mathematik- und Physiklehrer in den großen Ferien regelmäßig unterwegs gewesen – zu Zielen, die bei seiner halb-mediterranen Herkunft nahe lagen: Italien, „Dalmatien", wie er zu sagen pflegte, Südfrankreich. Der südlichste Punkt, den er erreicht hatte, war Istanbul. Die Mutter war zwanzigjährig mit einer Studienfreundin aus der Romanistik durch Italien und dann mit Geleitschutz durch den wenige Jahre zuvor aus dem Amt geschiedenen Reichswehrminister und Freund der Familie, Otto Gessler, für ein paar Tage nach Sizilien gereist. Auch eine Papst-Audienz hatte auf dem Programm gestanden, die allerdings protestantisch bespöttelt wurde, zum Verdruss der katholischen Freundin, die aber – das lässt zumindest ihr sorg-fältig und mit einem Schuss Ironie geführtes Tagebuch erken-nen – auch eine gewisse Enttäuschung nicht verbergen konnte. Danach hatte die Mutter neben zwei Studiensemestern in Paris Feriensprachkurse in London und Dijon absolviert.

Dass die Eltern sich 1938 in den Boboli-Gärten hinter dem Palazzo Pitti in Florenz kennenlernten, war durchaus sympto-matisch für ihr gemeinsames Interesse an den südlichen Ländern mit ihren Landschaften, ihrer Kultur und, beim Vater, auch an ihren Lebensformen, mit denen er sympathisierte. Von Florenz aus waren die beiden zunächst gemeinsam weitergereist und hatten sich dann, soweit es die bewegten Zeitumstände erlaub-ten, auf halbem Weg zwischen München und Wien in Salzburg sowie im Winter 1938/39 auch zum Skifahren am Arlberg ge-troffen.

Danach verhinderten der Krieg, die Geburt der Kinder und die
Nachkriegsnot zunächst weitere Reisen, bis der Vater 1951 zu
einer Tagung des Vatikanischen Geophysikalischen Instituts
eingeladen wurde und seine Frau zu diesem etwas ausgedehn-
teren Rom-Aufenthalt mitnahm. Ich war mit meinen sechs
Jahren damals schon alt genug, um festzustellen, dass die beiden
von dieser Reise harmonisch und beglückt zurückkamen. Ein
offizielles Photo der päpstlichen Pressestelle zeigt meinen ag-
nostischen und antiklerikalen, aber katholischen Vater sowie
als einzige Frau meine Mutter bei einem Empfang der Wissen-
schaftler vis-à-vis im Gespräch mit dem intellektuell wirkenden
Papst Pius XII.

Vater und Mutter (halb verdeckt) vis-à-vis dem Papst

Die Bildbände mit ungemein eindrucksvollen Schwarz-Weiß-
Aufnahmen, die zu dieser Zeit im Wohnzimmer griffbereit
herumlagen, entfalteten für mich einen eigentümlichen Zauber.
Die Form der Kuppel von St. Peter, die auf einem Cover zu

sehen war, beschäftigte mich – eine Rundkuppel war das nicht – warum nicht? Und warum weckte die nach oben gestreckte Kuppel ein solch rätselhaftes Gefühl des Wohlgefallens? Die anderen Abbildungen im Band konnten mit diesem Buchumschlag nicht mithalten, aber sie zeigten doch Bauten in wohltuenden Formen, mit flachen Dächern, vielfach umgeben von fremdartigen, aber reizvollen Bäumen, die zum Teil an unsere wenigen Föhren in Reit im Winkl erinnerten.

Erst 1953 fand das Paar dann Gelegenheit, en famille mit der zehnjährigen Tochter und dem achtjährigen Sohn loszuziehen. Meine Großmutter väterlicherseits – die mit der halbkroatischen Abstammung – war inzwischen gestorben, aber es gab in Graz und im wenige Kilometer weiter südlich gelegenen Leibniz den Bruder des Vaters und eine Tante, und so führte die Reise, damals noch mit der Bahn, zunächst nach Graz. Man stieg im Schimmel ab, einem großen, ehemals vornehmen, jetzt aber etwas abgewirtschafteten Hotelkasten aus der Zeit Kaiser Franz Josephs – für Kinder aus dem oberbayerischen Dorf trotzdem ein starker Eindruck. Die Verwandtenbesuche wurden pflichtgemäß absolviert. Begrüßung und Bewirtung zunächst in einer kleinen Grazer Beamtenwohnung und dann in einem von Weinlaub überwachsenen einstöckigen Häuschen in Leibniz inmitten eines üppigen Blumengartens waren überaus herzlich und reichlich. Aber es handelte sich bei den Verwandten des Vaters um „kleine Leute" – wie ich, im sozialen Kategoriensystem der Mutter befangen, deutlich empfand. Sie überspielte die soziale Distanz mit ihrer gesellschaftlichen Gewandtheit, aber das konnte nicht darüber hinwegtäuschen, dass ihr – und damit auch ihren Kindern – diese Welt fremd war.

Weitere gemeinsame Reisen zur österreichischen Verwandtschaft wurden nicht mehr unternommen, mit Ausnahme eines

Besuchs in einem alten, villenartigen Gebäude mit großem verwildertem Garten in einer Wiener Vorstadt. Der Gastgeber, Onkel Eugen, E-uschèn ausgesprochen, ein liebenswürdiger alter Herr und leidenschaftlicher ehemaliger Jäger, erzählte den ganzen Abend von seinen Jagderlebnissen, leicht belächelt von den anderen Gästen, einem Vetter und einer Cousine meines Vaters. Diese Cousine war Direktorin einer Mittelschule, eine gepflegte und etwas emphatische Dame, über deren leicht talmihaft empfundene Weise des Auftretens und Sprechens als typisch wienerisch sich die Eltern einig waren. Die österreichischen Verwandten, es waren keineswegs alle, sah ich nur dieses eine Mal. Engere Kontakte zwischen den Familien kamen auch später nicht zustande. Das lag wohl vor allem an der Mutter, ihrem in diesem Fall ungewöhnlich deutlich hervortretenden sozial-kulturellen Hochmut und der Unvereinbarkeit ihrer strengen Wesensart mit allem, was ans Wienerische erinnerte, gespeist auch aus einer untergründig vorhandenen, normalerweise aber mit den gesellschaftlichen Konventionen des Bildungsbürgertums überspielten Schüchternheit. Wenn überhaupt, dann war von dieser ganzen österreichischen Verwandtschaft mit ironischem Unterton die Rede, distanziert und mit einer gewissen heiteren Herablassung, wobei andererseits (allzu) deutlich zu spüren war, dass diese etwas kuriose Sippschaft keineswegs schlechtgemacht werden sollte und, auf ihrem Niveau, sehr wohl Achtung verdiente. Der Vater, selbst keineswegs ganz unwienerisch, schien mit dieser Distanzierung durchaus einverstanden – aus einer Mehrzahl von Motiven, unter denen das soziale Distinktionsbedürfnis des Aufsteigers aus dem Kleinbürgertum zweifellos eine gewisse Rolle spielte.

Aus Graz im Jahr 1953 erinnere ich mich an die Besteigung des Burgbergs mit dem Wahrzeichen der Stadt, dem ungewöhnlichen Uhrturm. Zur Vorführung der heimatlichen Welt des Vaters, an der die Kinder allerdings nur ein mäßiges Interesse zeigten, gehörten noch der Besuch des Grazer Zeughauses, von dem bei mir eine tiefe Abneigung gegenüber solch rein antiquarischen Museen zurückblieb, des am Stadtrand gelegenen Schlosses Eggenberg, dessen Hof mit den Arkadengalerien einen bleibenden Eindruck hinterließ, sowie ein Ausflug in den kleinen Ort Ehrenhausen an der slowenischen Grenze mit seinem inmitten malerischer Weinberge gelegenen Schlossberg und der ländlichen, aber markanten Kirche von Fischer von Erlach. Alle diese Orte haben sich als Merkplätze in meine Gedächtnislandschaft eingegraben.

Starke und prägende Eindrücke verbanden sich aber auch mit der nächsten Etappe dieser ersten Reise im Jahr 1953: Venedig. Die Fahrt von Graz nach Italien war strapaziös und ermüdend. Der Zug war so überfüllt, dass ich als Kleinster von freundlichen Mitreisenden durch ein Fenster ins Abteil hineingereicht werden musste und die ganze Familie die folgenden Stunden irgendwie im Gang eingeklemmt durchzustehen hatte. Aber das Hinaustreten auf den Bahnhofsvorplatz in Venedig am späten Vormittag eines typisch italienischen Augusttages erscheint mir auch heute noch als einer der ganz seltenen Momente vollkommener Überraschung und reinen Glücks im Zusammenklang von wolkenlos blauem Himmel, Wärme, dem schwachen Geruch von Lagune und Meer, dem Anblick fremdartiger Architektur mitsamt einer hoch geschwungenen Holzbrücke über den nahen Kanal. Zwölf Jahre später evozierte ein Satz des Historikers Werner Kaegi im Basler Hörsaal momenthaft eine Erfahrung ähnlich der meinigen, wenn auch sehr viel bewusster. Soeben zurückgekehrt von der Verleihung des Ehrendoktorwürde der Universität Turin und von seinen Hörern mit lang anhaltendem Beifall begrüßt, beschrieb er seine Reaktion bei seiner erstmaligen Ankunft in Florenz und dem Betreten der Piazza della Signoria: das Gefühl und Bewusstsein, „das ist der Ort, wo Du Dich wohlfühlst, hier gehörst Du hin".

Für uns Venedig-Ankömmlinge stellte sich freilich als erstes die Frage nach der Unterkunft. Der Vater erinnerte sich an eine Pension Guerini, in der er vor dem Krieg einmal logiert hatte. Er tauchte in das Dunkel einer Gasse links des Bahnhofsvorplatzes ein und kam alsbald erleichtert zurück: „Es gibt sie noch, und sie hat auch Zimmer frei." Aus der nun folgenden Besichtigungswoche erinnere ich mich an das staunende Umwandern des Markusplatzes und das Hinaustreten auf die Piazzetta mit dem Blick aufs Meer hinaus, an kühle, halbdunkle, überraschend große Kirchenräume – wohl Frari und Zanipolo – an gelegentliche, hochgradig erwünschte, wenn nicht gar durch unser Kindergezeter erzwungene Pausen auf plötzlich aus dem Gassengewirr auftauchenden, asymmetrisch zwischen den Häusermauern eingezwängten Plätzen, auf denen eine Orangeade geschlürft werden durfte, an eine Fahrt mit dem Vaporetto den Canal Grande entlang, an eine allzu kurze Gondelunternehmung um ein paar Ecken durch ein Gewirr kleiner Kanäle und schließlich an einen Tag am Lido mit Weiterfahrt über die Lagune nach Chioggia und zurück.

Natürlich hatte ich von den unentwegten Besichtigungsgängen und den langen Verlesungen aus dem Reiseführer auf Kirchenbänken und in hallenden Palasträumen bald genug und war heilfroh, als sich die Familie wieder in Bewegung setzte, diesmal nur für eine kurze Strecke, nach Desenzano am Südende des Gardasees. Von den Felsplatten der Halbinsel Sirmione aus lernten wir Kinder das Schwimmen. Selbstverständlich wurde auch Malcesine mit seiner Burgruine besucht, wo der

Auf dem Markusplatz,
1953

Vater schilderte, wie ein deutscher Dichter namens Goethe auf seiner Italienreise versehentlich als österreichischer Spion verhaftet wurde. Das provozierte die Frage, was ein österreichischer Spion mitten in Italien zu suchen gehabt habe, und eine weit ausholende und mir weitgehend unverständliche Antwort, in der von österreichischer Herrschaft über Oberitalien die Rede war, mit dem Satz „Alles Erdreich ist Österreich untertan". Den krönenden Abschluss dieser ersten großen Reise meines Lebens bildete ein gewaltiger Sturm, der mir bei der Schiffspassage vom Süd- zum Nordende des Gardasees das Schiff und seine Passagiere ernstlich in Gefahr zu bringen schien. Sterbenselend von der Seekrankheit bekam ich doch mit, wie die Mannschaft nach dem Verlassen der schützenden Bucht hektisch einen Flaschenzug anschlug, um in dem wilden Seegang das Ruder bedienen zu können, das sich anders nicht mehr bewegen ließ. Das ganze Drama mit heulendem Sturm und schaumgekrönten Wellen, die das Schiff nach Belieben herumwarfen, spielte sich, für mich das Überraschendste von allem, bei vollkommen klarem und blauem Himmel ab.

1954 wurde das erste Auto angeschafft, ein nur für Fahrten im engsten Umkreis tauglicher Vorkriegs-DKW, 1956 gefolgt von einem gebrauchten Opel Rekord, der die Reiseoptionen enorm erweiterte.

Das erste Auto, 1954

In den großen Ferien standen nun zunächst zwei Reisen über Schweizer Alpenpässe und an den Ufern der oberitalienischen Seen entlang nach Basel auf dem Programm, dann zwei Touren nach Südfrankreich und Burgund und schließlich zwei drei-wöchige Reisen durch das damalige Jugoslawien. Dabei führte der Weg auf unterschiedlichen Hin- und Rückfahrten durch

Slowenien, die dalmatinische Küste entlang, durch Serbien und den Kosovo bis Mazedonien mit Skopje mit einem Abstecher nach Nordgriechenland und Saloniki. Es klingt zwar etwas klischeehaft, dass diese Fahrten in ihrem südlichsten Teil durch die „Schluchten des Balkan" führten. Besucht werden sollten die serbischen Klöster, die im 13. und 14. Jahrhundert auf dem damaligen Siedlungsgebiet der Serben entstanden und mit prachtvollen byzantinischen Fresken ausgemalt waren, so u.a. Studenica, Sopocani, Decani und Gracanica. Diese lagen zum Teil an verborgenen Orten in tiefen Tälern des Kosovo, in denen sich die orthodoxe Christlichkeit über die Eroberung des Landes durch die Osmanen hinweg erhalten hatte.

Nizza war im August 1957 so überfüllt, dass die ganze Familie nur noch in einer freundlicherweise zur Verfügung gestellten Portiersloge eines alten Hotelkastens unterkam, in dem wir vom Strom der hinein- und herausstrebenden Gäste nur durch einen schäbigen Vorhang getrennt waren. Um nach Südfrankreich und wieder zurückzukommen, bevorzugte der Vater nicht die bequeme Strecke über das Rhein- und das Rhônetal, sondern die zum Teil noch wenig ausgebauten und schmalen, immerhin aber asphaltierten hohen Pässe der Westalpen, die man heute vor allem von den Bergetappen der Tour de France her kennt. Immer wieder fiel dabei das Stichwort Route Napoléon, d.h. der Route, die Napoleon bei seiner Rückkehr von der Insel Elba nach Paris 1814 genommen hatte, und die wir auf unserer Fahrt mehrfach streiften oder kreuzten.

Für das Essen wurde nur ausnahmsweise ausreichend Zeit und Geld aufgewandt, es galt in der großväterlich-mütterlichen Tradition, die hier, wie so oft, den Ton angab, mehr als notwendiges Übel und nur ausnahmsweise als besonderer Moment des Reisevergnügens. Hauptsächlich wurde das Essen als Zeitverlust im Besichtigungsprogramm gesehen, bei dem nichts fehlen durfte, was im Reiseführer stand.

Das individualistische Reisen von Ort zu Ort ohne Voranmeldung oder gar Buchung für mehrere Wochen brachte allerlei Strapazen mit sich: das täglich neue Aus- und Einpacken der Koffer und das Schleppen zu einer Zeit, als Koffer auf Rädern noch unbekannt waren, vor allem aber die allabendliche Suche nach einer passenden und bezahlbaren Bleibe, denn um die Reisekasse war es immer und überall schlecht bestellt. Ausnahmsweise einmal, wegen günstiger Wechselkurse in Jugoslawien, konnte ein spätimperialer, schon arg angestaubter Bau in Dubrovnik oder ein neues Erste-Klasse-Hotel in Budva bezogen werden, normalerweise waren es aber durchschnittliche Gasthöfe oder kleine altmodische Hotels in der Schweiz oder in der französischen Provinz. Manchmal gab es nichts anderes als kleine Pensionen oder, auf dem südlichen Balkan, auch wirklich verwanzte Absteigen.

Ich selbst empfand die ganze anstrengende Reiserei im heißen Sommermonat August zunehmend als lästige Abhaltung von meinen eigentlichen Bedürfnissen: Geldverdienen mit Hilfsarbeiten vor allem beim Forst, Schwimmen in den heimischen Seen, Lesen und Fußballspielen. Einmal hätten meine Verweigerungshaltung und der Jähzorn des Vaters die Familie fast in den Tod gestürzt. Es war auf der dalmatinischen Küstenstraße mit ihren zahllosen Kurven, aber auch herrlichen Aussichten auf das blaue Meer, die weiß gesäumte Küstenlinie und die vorgelagerten karstigen Inseln, als der am Steuer sitzende Vater plötzlich explodierte, wuterfüllt nach hinten griff, dem ins Lesen versunkenen Sohn das Buch entriss und dieses aus dem Fenster feuerte. Dabei verlor er – mitten in einer engen Kurve – die Kontrolle über das Auto, das in Richtung des steil abfallenden, ungesicherten Abhangs schleuderte und nur mit kreischenden Rädern haarscharf am Abgrund entlang wieder in die Spur gebracht werden konnte. Der Schreck fuhr mir dabei doch so in die Glieder, dass ich für ein paar Tage auf das Lesen angesichts schöner Landschaften verzichtete. Gleichwohl löste sich die Spannung nicht mehr zwischen dem Vater, der den Kindern die heiligsten Eindrücke seiner eigenen frühen Jahre nahebringen wollte, und dem Sohn, der immer weniger einsah, warum er ewig auf dem Rücksitz hinter seinem Vater durch die Welt kutschiert werden sollte. Die generationelle Dissonanz belastete hinfort die ganze Reise und führte dazu, dass ich im darauffolgenden Jahr von der Mitfahrpflicht entbunden wurde und meiner eigenen Wege gehen konnte.

Eine häufig auftretende Paradoxie bei der Bildung durch die elterliche Lebensführung besteht bekanntlich darin, dass die Objekte dieser Bildung, die Kinder, nach zeitweise heftiger Auflehnung eben diese dann doch vielfach übernehmen. Die frühen Bildungsreisen mit den Eltern widerstrebten mir je länger desto mehr. Aber kaum war ich imstande, selbst eine Reise zu organisieren, zog ich in genau denselben Formen der Welterkundung und -erfahrung wie meine „Erzieher" los – die ihre Reisen auch nicht primär der Kinder wegen, sondern durchaus zu ihrem eigenen Vergnügen unternommen hatten. Für die nun folgenden Fahrradfahrten und Zugreisen mit meinem Freund Severin Müller und nach dem Abitur zum Teil auch noch mit jeweils einer Freundin erhielten wir rasch die Erlaubnis, wenn auch nicht ohne pflichtgemäßes Zögern angesichts der Gefahren der „Straße"!

Die erste Tour führte 1962 durch eine „romantische" deutsche Landschaft, von Lauf an der Pegnitz mit seinem familiären Stützpunkt, dem Wohnsitz meiner Tante, über Ansbach ins

Hohenloher Land und ins Jagsttal, zur Burg Götzens von Berlichingen, nach Heilbronn und Bad Wimpfen und neckarabwärts nach Heidelberg und Ludwigburg mit seinem spätbarocken Sommerschloss der württembergischen Herzoge. Ausgewählt wurden, mit Rücksicht auf möglichst geringen Autoverkehr, kleinere Straßen in idyllischer Hügellandschaft mit „Erinnerungsorten" aus der deutschen Geschichte – wie etwa die Residenz Ansbach, die Stauferburg und jetzige Jugendherberge Bad Wimpfen über dem Neckartal, Heidelberg mit seinem durch Ludwig XIV. zerstörten Renaissanceschloss, seiner Aura als ehrwürdiger Universitätsstadt mit dem Philosophenweg und als Ort, den Friedrich Hölderlin in einer seiner schönsten frühen Oden besungen hat. Dann machten wir noch an einem klassischen Ort deutscher Literaturgeschichte und Traditionspflege Station, in Marbach mit seinem Literaturmuseum.

Hier gerieten wir in einen symptomatischen Streit. Beide waren wir müde vom anstrengenden Strampeln, zudem misslaunig durch die trockene und sinnenfeindliche Präsentation von Schriftdokumenten und Bildern mehr antiquarischen als kritischen Zuschnitts. Severin, künftiger Philosoph und schon damals ganz auf die „großen" Texte fixiert, nahm Anstoß an meinem, des künftigen Historikers, Interesse auch an den kleineren Gestalten aus Geschichte und Literatur. Als ich schließlich anfing, mich in eine liebevoll antiquarisch aufbereitete Sonderausstellung zur Lebensgeschichte Ludwig Uhlands zu vertiefen, wurde er ungeduldig und moserte abschätzig über das „Kleintalent" Uhland, während ich – ohne noch Nietzsches „Vom Nutzen und Nachteil der Historie für das Leben" und seine Definition des „antiquarischen" Geschichtsinteresses, die „Liebe zum Kleinen, Beschränkten, dem Morschen und Veralteten", zu kennen – den Erinnerungswert solcher Objekte verteidigte und überhaupt die Fixierung auf die „Großen" erkenntnisfeindlich fand. Bei Kaffee und Kuchen und mit Blick hinunter ins besonnte Neckartal versöhnten wir uns langsam wieder, aber es blieb doch die Erkenntnis zurück, dass wir mit unseren künftigen Studien ganz verschiedene Wege einschlagen würden. Vierzig Jahre später und nach einer langen, dann freilich ausgestandenen Heidegger-Manie bekannte Freund Severin, nur halb im Spaß, auch er gehe jetzt den Weg von der „Seynsgeschichte" zur Sozialgeschichte. Glücklicherweise blieb er aber doch seiner eigentlichen Begabung treu, der meisterlichen Interpretation bedeutender Texte aus Philosophie und Literatur. Dem Reisen setzte er in seinen beiden letzten Büchern, „Verwandelte Ferne" (2018) und „Transformationen. Studien zu Zeit, Bewegung und Imagination"(2018) durchdachte und glänzend geschriebene Denkmäler, indem er die physische und virtuelle Ausfahrt in die Ferne zum Ausgangspunkt für eine in einzelnen Studien entwickelte Theorie der Phantasie wählte.

Noch als Schüler kam ich für vier Wochen zum Spracherwerb nach England. Ich weiß nicht mehr, auf welche Weise der Schüleraustausch zwischen den Familien Hardtwig und Baillie nahe Tiverton in Devon entstanden ist. Erst verbrachte meine Schwester die Sommerferien in Cove House, Tiverton, dann kam Mrs Baillie mit einer Freundin über Weihnachten / Neujahr 1961/62 für zwei Wochen auf den Hof und bedankte sich im Gästebuch: "The scenery, the snow, the Christmas, the New Year festivities (all typically Bavarian) and many other things are equally wonderful and interesting to the visitor."

Im Juli 1962 landete ich nach einer stürmischen nächtlichen Überfahrt in einem Gepäcknetz der überfüllten Fähre, dem Umsteigen in der verwahrlosten Waterloo-Station und einem weiteren Umsteigen in Taunton in einem großen Farmhaus inmitten der südlichen Hügellandschaft Devons. Man nahm dort von meinem Auftauchen nur beiläufig Notiz, denn es handelte sich um einen Farmbetrieb mit gewerblich organisierter Aufnahme von zahlenden jugendlichen Feriengästen aus verschiedenen Ländern, einschließlich Großbritanniens selbst. Jeder der jungen Gäste erfüllte in Kleidung und Habitus die nationalkulturellen Klischees in einer geradezu lächerlichen Weise, darunter ein schmaler, immer elegant gekleideter, etwas herablassend wirkender Franzose, zwei robuste, unkomplizierte Holländer, ein etwas derber, aber freundlicher, rothaariger Ire und zwei Deutsche. Dazu kamen drei Kinder des Hauses, ungefähr in unserem Alter, die häufig Besuch von ihren Freunden empfingen, so dass zu dem sehr förmlichen Dinner, zu dem man in gepflegter Kleidung und sorgfältig gekämmt anzutreten hatte, zwischen 12 und 18 Personen an einer langen Tafel Platz nahmen. Betrieben wurde das ganze Unternehmen von einem alten und schon etwas senilen Brigadier und seiner sehr viel jüngeren Frau, die mit wenigen Angestellten den Laden am Laufen hielt. Der Brigadier präsidierte der Tafel, klein, proper gekleidet, mit exakt gescheiteltem Haar und gebürstetem Schnurrbärtchen, weitgehend stumm, aber Respekt erheischend – schon fast die Parodie eines in strengem Dienst ergrauten pensionierten Offiziers und Quasi-Landedelmanns. Hinter seinem Rücken machte die von dem irischen Jungen kolportierte Erzählung die Runde, wie der Brigadier vor einigen Sommern beim Angeln in einem reißenden Flüsschen des schottischen Hochlands ins Wasser gefallen und nur knapp mit dem Leben davongekommen war.

Während dieser vier Wochen in England kam ich mir, wie die anderen Gäste auch, beim Ausschachten eines neu anzulegenden Swimmingpools ziemlich ausgebeutet vor, während mir die Mithilfe im Farmbetrieb sehr wohl zusagte. Andererseits wurde uns auch einiges geboten. Dazu gehörten Ausflüge über die Hochebene von Dartmoor zu einem Konzert in der Kathedrale von Exeter sowie, auf der Rückfahrt nach London, die Besichtigung von Stonehenge und Salisbury mit seiner Kathedrale – alles sehr eindrucksvoll und für mein späteres, etwas romantisierendes Bild vom Leben auf der Insel durchaus prägend. Zu den Unternehmungen gehörte auch eine Autoralley mit den Baillie-Kindern und ihren Freunden auf den engen, meist von hohen Böschungen und Hecken gesäumten Sträßchen über die Hügel Devons. Ellisons jüngerer Bruder Evan saß unterdessen allein in dem großen, mit schweren Sesseln reichlich ausgestatteten Salon, in dem sonst nur der üppige Five o'Clock Tea zelebriert wurde, und dröhnte den Raum mit einer mir völlig neuen und, vor allem wegen der Lautstärke und meiner Liebe zur Klassik, auch noch wenig sympathischen Musik voll – den gerade erst aufstrebenden und in Deutschland noch weitgehend unbekannten Beatles.

Am meisten beeindruckte mich an diesem ländlichen England die Kultur des Pferdesports. Die beiden Töchter des Hauses ritten selbst, für sie standen zwei Reitpferde im Stall und beim Springtraining auf der Koppel hinter dem Farmgebäude zeigten sie beträchtlichen Ehrgeiz. Einen Höhepunkt meines Monats in Devon bildete dann auch der Besuch eines Springreitens an einem wolkenlos schönen Morgen. Man fuhr in Rover und Jeep, an die die Pferdebox angekoppelt war, etwa 20 Kilometer zu einer abgezäunten Wiese auf einer Hügelkuppe, sah dem Aufbau der Hindernisse und dem Eintreffen der Pferde auf dem Platz zu und wetteiferte dann mit den rund 100 anderen Zuschauern im Beifall für die eigene Mannschaft aus Reiter und Pferd. Zwischendurch gab es eine lange Mittagspause, in der man sich zum reichlichen Picknick aus Toasten, Ale und

Gurken- und Tomatenschnitten auf eine Decke lagerte. Die Rückfahrt verlief dann in etwas gedrückter Atmosphäre, weil das Pferd von Tochter Ellison, wohl wegen seiner Blindheit auf einem Auge, die entscheidende Hürde falsch eingeschätzt und gerissen hatte. Ein unbeschädigtes Pferd mit einiger Springkraft hatte die Familie nicht erschwingen mögen.

Trotz eines dreitägigen Aufenthalts in London mit Besuch der Museen und eines der berühmten Platz-Konzerte in der Royal Albert Hall mit Melodien von Gilbert and Sullivan war es vor allem das ländliche England, das mir aus dem Sommer 1963 in Erinnerung geblieben ist. Dazu gehörte die hinreißend schöne Hügellandschaft Devons mit ihrer Steigerung ins Gebirgige an der Küste Cornwalls, dazu gehörte der Stellenwert des Reitsports inmitten dieser Landschaft, dazu gehörte aber auch die Unversehrtheit der klein- und mittelstädtischen Häuser- und Straßenensembles rund um die gotischen Kathedralen von Exeter und Salisbury, umgeben von einer Wiese, fast als läge die Kirche auf dem Land. Der Bombenkrieg hatte hier nicht oder nur sporadisch stattgefunden und so waren Stadträume von geschlossener Vormodernität erhalten geblieben. Sie kamen dem jungen Besucher aus Deutschland in befremdlicher Weise intakt vor, weil er die Vorstellung von „Stadt" vor allem mit Seheindrücken aus München und Nürnberg verband und dabei die noch weithin sichtbaren Zerstörungen sowie die karg-modernen Neubauten der Jahre 1948 bis 1962 vor Augen hatte.

Es gehört zu den selbstverständlichen Topoi von Erinnerungstexten, dieses oder jenes Erlebnis aus Kindheit und Jugend als wichtig oder sogar prägend für spätere Einstellungen, Verhaltensweisen oder gar Entscheidungen des Erzählers darzustellen. Die professionell eingeübte Historikerskepsis gegenüber dem Richtigkeits- und Wahrheitsgehalt von Ego-Dokumenten sowie das in der Forschung neuerdings angesammelte Wissen über die Mechanismen des Subjektiven und die Listen der sich notorisch über sich selbst täuschenden Erinnerungen fordern hier allerdings zu äußerster Vorsicht beim Auffinden bzw. Herstellen solcher Kontinuitäten auf. Aber es gab doch eine Reihe von sinnlich-geistigen Wahrnehmungen, Erlebnissen von Landschafts-, Stadt- und Architekturbildern, Eindrücken auch von einzelnen Gemälden oder Fresken in Kirchen und Museen, die im Gedächtnis verankert sind und durch irgendeinen Reiz im Heute wie aus dem Nichts auftauchen und einen weit zurückliegenden Augenblick wieder in Erinnerung rufen. Dabei stellt sich mit den Jahren bisweilen jene „wilde Schwermut" ein, die uns „bei der Erinnerung an Zeiten des Glücks ergreift" – wie Ernst Jünger im ersten Satz seiner „Marmorklippen" 1939 schrieb.

Zu solchen Augenblicken gehören für mich aus den frühen Jahren der Blick auf Landschaften der Provence und an der dalmatinischen Küste entlang, auf die Hochgebirgsgipfel um die schweizerischen, französischen und Südtiroler Zweitausender-Pässe oder aus Tälern wie dem Engadin oder im Rhônetal im Wallis und von der in den 1930er-Jahren angelegten, abenteuerlichen Großglocknerstraße. Dazu zählen Eindrücke von der Verschmelzung mediterraner Flora und Architektur auf den alpinen Steilhängen um die tief eingeschnittenen oberitalienischen Seen. Auf späteren Fahrten – jetzt in eigener Regie – kamen die hügeligen, südlich geprägten Kulturlandschaften der Toskana und Sloweniens hinzu. Zu den großen Eindrücken zählten der frühmorgendliche Blick auf den noch gänzlich menschenleeren Campo Santo in Siena mit dem nach einer regnerischen Nacht im blassen Himmelsblau schwimmenden Turm des Palazzo Comunale; eine nachmittägliche Stunde an der über dem oberen Rhônetal auf einem kleinen Felsplateau thronenden Kirche des kleinen Ortes Raron, vor dem gewaltigen Außenfresko eines spätgotischen Hl. Christophorus und neben dem schlichten Grabstein Rilkes mit der Inschrift: „Rose, Du reiner Widerspruch / Lust, niemandes Schlaf zu sein unter so vielen Lidern", sowie der Besuch des nahegelegenen Schlösschens Muzot, das der Mäzen und Kunstsammler Reinhardt dem Dichter in den frühen Zwanzigerjahren zur Verfügung gestellt hatte und in dem dieser inmitten der teils lieblichen, teils erhabenen Landschaft des Wallis die „Signale aus dem Weltall" für den Zyklus seiner späten „Gesänge an Orpheus" empfangen hatte.

Für den von Homerlektüre angehauchten und ästhetisch empfänglichen Geschichtsfreund war eine Bootsfahrt in einem Kaiki unter hohem, allerdings nur ausnahmsweise aufgezogenem Segel durch das Inselgewirr der Kykladen und der Dodekanes ein Erlebnis von äußerster Intensität. Unvergesslich sind Momente des Zusammenklangs der schroffen, karstigen und manchmal fast hochgebirgigen Bergformationen auf den griechischen Inseln und auf der Peloponnes mit dem Blau des Meeres und des Himmels, auf den steinigen Pfaden von Ruinenstädten wie Festos am Abhang zwischen dem Ida-Gebirge und dem Libyschen Meer und der zyklopischen Bergstadt Lato auf Kreta, an heiligen Stätten, wie dem überwältigend an einen steilen Berghang gesetzten Delphi oder der Zeushöhle unter dem verschneiten Idagipfel auf Kreta. Unvergesslich sind auch Durchblicke beim Wandern in der klaren Septemberluft der Sextener Dolomiten auf Zwölferkofel und Drei Zinnen, beim Blick auf die schneebedeckten, aus ziehenden Nebeln hervortretenden Gipfel und Felswände von Jungfrau und Eiger im Berner Oberland, und der Aufblick zu dem aus einem Wolkenmeer auftauchenden, frisch verschneiten und unglaublich nahen und hohen Gipfel des Ätna von den Stufen des antiken Amphitheaters in Taormina aus. Eingeprägt haben sich Stadtbilder u.a. in Aigues-Mortes, Saintes-Maries-de-la-Mer, Nauplia, Basel, Wien, Salzburg, Prag, der Anblick von Plätzen und Monumenten in Venedig, Florenz und Rom und von Kreuzgängen etwa in Maulbronn und San Gimignano oder bei San Marco in Venedig. Seit 1987 kamen Städte und Landschaften in den USA hinzu, New York, San Francisco, Atlanta, New Orleans, die Küste von South Carolina mit den alten Zentren des Südens Charleston und Savannah, die Pazifikküste zwischen San Diego und San Francisco und schließlich der Anblick des Mississippi aus der Luft, wie sich der riesenhafte Strom in engen Schleifen dem Golf von Mexico zuwindet. Schließlich öffnete der Fall der Mauer 1989 den Zugang zu den Städten und Monumenten Ost- und Mitteldeutschlands. Die vom Luftkrieg und vom fortschreitenden Verfall ruinierten urbanen „Leuchttürme" Dresden und Leipzig machten mir dabei weniger Eindruck als mittelalterlich geprägte Klein- und Mittelstädte wie Brandenburg, Havelberg und Stralsund, wobei der Anblick ruinöser Straßenzeilen und Kirchenschiffe mehr nationalkulturelle Nostalgie auslöste als ein ästhetisches „absichtsloses Wohlgefallen".

Manche Momente, vor allem auf den frühen Reisen, haften besonders wegen Erfahrungen, die eine klischeehafte Vorstellung von Menschen und Ländern in einem mitunter ganz kurzen Moment, aber mit dauerhafter Wirkung, verschoben oder zurechtrückten. Einmal zählte ich an einem trüben Märztag auf dem wackligen Tischchen einer kleinen Bar in Venedig mein verbliebenes Reisegeld und vergaß, es wieder einzustecken, nachdem ich noch meine Reisenotizen gemacht hatte. Ich war nach dem Austrinken des Cappuccinos schon um mehrere Ecken gebogen, als ich näherkommende Rufe „Signore" zu hören glaubte, aber nicht weiter beachtete. Es war der Inhaber oder Kellner der Bar, in der ich freilich schon mehrmals meine Notizen gemacht hatte, der mich schließlich am Arm nahm und in die Bar zurückführte, wo mein Geld noch auf der Tischplatte lag. Ohne diese menschenfreundliche und anteilnehmende Regung hätte ich meine Reise sofort abbrechen müssen, denn es handelte sich um meine gesamte Barschaft. In der Pinacoteca Vaticana in Rom begrüßte mich ein Wärter immer schon freundlich, wenn ich in seinen Räumen auftauchte und Notizen machte, und fragte schließlich interessiert: „Scrive una guida?", was ich zu meinem Bedauern verneinen musste. Und der Bewacher der Gozzoli-Fresken in der Kapelle des Palazzo Medici in Florenz ermöglichte mir eine ganze Stunde einer in jeder Hinsicht singulären Kunsterfahrung, indem er mir anbot, mich in der kleinen Kapelle allein zurückzulassen und für die Stunde einzuschließen, die er für sein Mittagessen in einer nahen Kantine brauchte. Derlei persönliche Erfahrungen sind heute kaum mehr vorstellbar, in Zeiten der städtezerstörenden Kreuzfahrtvergnügungen und eines globalisierten Massentourismus, der auch den Einzelreisenden zwingt, sich auf irreversible und knappe Zeitfenster für Museumsbesuche oder gar die Betrachtung einzelner Objekte einzulassen.

Von Leibniz in der Südsteiermark aus wanderten Severin und ich auf einen der Hügel nahe der langgestreckten Burganlage von Frauenfeld, verzehrten auf einer Wirtshausterrasse unter Weinlaub und reifenden Trauben ein frugales Mahl mit einem Glas vom örtlichen Weißwein, und zogen dann jeder ein bevorzugtes Werk aus der Reisetasche. Bei mir war das ein Band von Leopold von Rankes „Französischer Geschichte", bei Severin Nietzsches „Zarathustra". In meiner Erinnerung verschmelzen der Sitz vor einem steirischen Landgasthaus in südlicher Wärme, der Blick auf die umliegenden Weinberge und die

epische Ruhe von Rankes Erzählstil in einer Weise, dass ich mir
bei allem späteren Missfallen an dessen harmonistischer Weltsicht und Ungerührtheit vor den Schrecken der Geschichte eine
gewisse Vorliebe für diese altmodische, aber anschauliche Prosa
bewahrt habe. Nach dem zweiten Glas Wein gerieten wir in
einen heftigen Disput über Severins Zarathustra-Begeisterung,
da mich der Verkünderhabitus des Propheten störte. Später ließ
die Zarathustra-Begeisterung des Freundes ebenfalls deutlich
nach. Die Auseinandersetzung steigerte unsere Lesefreudig-
keit auf der Fahrradtour zusätzlich und wir konnten ihr bald
eine neue und auch noch breitere Basis geben. In einem Grazer
Antiquariat erstanden wir eine 24-bändige Ranke- bzw. eine
sechsbändige Schopenhauer-Ausgabe. Beide Konvolute mussten
wir wegen ihres Umfangs und Gewichts per Post nach Hause
schicken. Durch den Kaufexzess neigte sich unsere Reisekasse
verfrüht ihrem Ende zu, so dass wir kurzerhand mit den Rädern
den Zug bestiegen und nach Hause fuhren. Zuvor hatten wir
uns allerdings noch ein ganz lese- und bildungsfernes Vergnügen
gegönnt, indem wir drei Tage lang in einem kleinen Vorstadt-
kino jede einzelne Vorstellung eines Westernfestivals besuchten.

Manchmal kam es vor, dass sich ein besonderer Ort mit
einer singulären Lektüreerfahrung verband. Bei einem sommerlichen Studienaufenthalt zum Italienischlernen an der Univer-
sità per Stranieri in Perugia hatte ich zu einem Besuch bei der
Rundkirche Sant'Angelo auf einem der Hügelausläufer der Stadt
Jacob Burckhardts „Kultur der Renaissance in Italien" dabei. Auf
der vertrockneten Wiese vor dem kleinen Zentralbau, noch aus
dem ersten Jahrtausend, sitzend, konnte ich den Genuss des Ge-
nius Loci durch die Lektüre der ebenso dramatischen wie lako-
nischen Erzählung über die Machtkämpfe und kampfbedingten
kulturfördernden Mentalitäten in den italienischen Städten des

14. und 15. Jahrhunderts vertiefen – auch dies eine Reise, wenn auch nicht in die räumliche, so doch in die zeitliche Ferne mit vielfach faszinierenden Bilderwelten. Gleichwohl stellte mich dieses bekannteste Werk des Basler Historikers bei allem Respekt vor der meisterlichen Erzählung nicht ganz zufrieden. Mir fehlte die explizite Erklärung für den Antagonismus, der all diese gnadenlosen Intrigen und Kämpfe hervortrieb, so dass ich das Buch zwar brillant geschrieben, aber doch etwas oberflächlich fand. Für die Erkenntnis, dass der Kern der Erklärung in der Erzählung selbst bestand, bedurfte es noch einiger geschichtstheoretischer Lektüre und der Diskussionen im Arbeitskreis für Geschichtstheorie rund 15 Jahre später.

Ähnlich erging es mir im August des folgenden Jahres, als ich zur Aufbesserung meiner Französischkenntnisse einen Sprachkurs in Tours absolvierte. Das Flusstal der Loire hatte es mir angetan, zumindest dort, wo es damals noch nicht, wie ähnlich auch das untere Arnotal zwischen Florenz und Pisa, zur reinen gewerblich-industriellen Werkstättenlandschaft denaturiert war. Bei Ausflügen in die geschichtsträchtige Umgebung – u.a. nach Bourges mit seiner Kathedrale, zum allerdings doch recht weit entfernten Mont-Saint-Michel und schließlich auch zum Rückzugsort Honoré de Balzacs vor seinen Gläubigern und Auftraggebern in einer alten Mühle nahe Tours – befand ich mich im Zentrum der Geschichtslandschaft Frankreich. Zur Vertiefung dieser Eindrücke begann ich, Heinrich Manns „Das Leben des Königs Henri Quatre" zu lesen, das Hauptwerk seiner Frankreichbegeisterung, aber auch seiner Emigrationsjahre, und ein Gegenentwurf zur totalitären Herrschaft des Nationalsozialismus in Gestalt eines historischen Romans. Es war die ideale Lektüre für diesen Ort, und zu einem Zeitpunkt, als sich der Berufswunsch Historiker bei mir immer deutlicher bemerkbar machte. Die Ernüchterung über dieses Buch kam bei einer sehr viel späteren Relektüre, und sie ging deutlich weiter als die pflichtgemäße Skepsis beim Lesen der historiographischen Klassiker. Heinrich Manns Allegorie guter Herrschaft in Gestalt eines historischen Romans erschien mir bei aller Rücksicht auf die Gesetze des Genres allzu klischee- und kolportagehaft in der Zusammenführung von privater Existenz und politischem Handeln und in der Verklärung der königlichen Herrschaftspraxis. Aber aus dem Frankreicherlebnis des Sommers 1968 ist diese Romanlektüre doch nicht wegzudenken.

Manche Szene auf früheren oder späteren Reisen setzte sich im Gedächtnis fest, weil in die Wahrnehmung der Landschaft und Kultur an singulären Orten Politik und Krieg brutal einbrachen. Auf der letzten Fahrt mit den Eltern im Sommer 1961 kam uns auf einer steinigen und staubigen Landstraße mitten in den Schwarzen Bergen Montenegros plötzlich eine endlose Kolonne von Militärfahrzeugen entgegen. Der in sechs langen Jahren kriegserfahrene Vater zeigte sich beunruhigt, hielt, da wir selbst über kein Autoradio verfügten, das erste entgegenkommende deutsche Auto an und fragte, ob man wisse, was da los sei. Es war der 13. August, der Tag des Mauerbaus in Berlin. Der Vater fürchtete, trotz Jugoslawiens Sonderrolle im Ostblock an Ort und Stelle festgehalten oder irgendwo interniert zu werden, und entschied, seine Familie und sich selbst auf dem schnellsten Weg, d.h. über den Autoput, der Jugoslawien von Mazedonien bis Slowenien durchzieht, in Sicherheit zu bringen.

Im Sommer 1988 waren meine Frau und ich wieder in Slowenien unterwegs. Wir genossen die Landschaft rund um den Bleder See, die uns an das Deutschland der frühen Fünfzigerjahre, vor seiner agrarindustriellen Deformation, erinnerte. Plötzlich wurden wir durch das dröhnende Röhren und Pfeifen

tieffliegender, altmodisch aussehender Militärflugzeuge aufge-
schreckt, die, im Vorfeld der späteren ethnisch-nationalen „Be-
reinigungskriege" auf ehemals jugoslawischem Boden, als Waffe
der jugoslawischen, eigentlich aber serbischen „Bundesarmee"
das nach Unabhängigkeit strebende Slowenien einzuschüch-
tern und seine Grenzen nach Norden zu „schützen" begannen.
Keine Vorfeldmanöver mehr waren dann elf Jahre später die
Flüge von Natoaufklärern und -bombern von italienischen Flug-
häfen aus zu Zielen im Kosovo und im serbischen Kernland, um
die ethnische Vertreibung der Kosovaren durch die serbische
Armee zu verhindern. Wir wanderten gerade durch die Ruinen
der Tiberiusvilla und auf den verschlungenen Pfaden der Insel
Capri mit ihren Steilküsten, als die meditative Stille dort zer-
rissen wurde durch den infernalischen Lärm von Düsenjägern,
die in großem Bogen die Insel umflogen, um dann Kurs auf
die östliche Adriaküste und die Kampfzonen auf dem Balkan
zu nehmen.

Übergänge

Die Reit im Winkler Lebensphase endete etappenweise. Mit dem Studienabschluss und dem Antritt einer Stelle als Mitarbeiter am Historischen Seminar der Münchner Universität 1969 wuchs die Bindung an München und lockerte sich die an Reit. Nach wie vor fuhr ich allerdings häufig an Wochenenden, Feiertagen und in den Semesterferien nach Reit. Schon deshalb, weil mit dem Älterwerden des Vaters meine Arbeitskraft am Hof für das Zäuneausbessern, die kleineren Reparaturen rund um das Haus, gelegentliches Schneeschaufeln und sonstige Tätigkeiten dieser Art benötigt wurde. Das blieb so bis zum Tod meines Vaters im Alter von 74 Jahren. Er war seit Langem herzkrank. Die Schwere der Krankheit war allenfalls zu ahnen, jedenfalls verschwieg er sie seiner Familie. An einem heißen Junitag des Jahres 1977 saß er auf der kleinen Terrasse vor dem Haus an seinem üblichen Platz und reparierte einen Gartenschlauch. Dabei hörte das Herz offenbar übergangslos auf zu schlagen. Ein Sommergast vom Nachbarhof sah ihn am Vormittag, als er zu einem Ausflug aufbrach, am Tisch sitzen. Bei der Rückkehr am späten Nachmittag saß der Vater noch immer da, in kaum veränderter Haltung, nur etwas zur Seite gesunken. Da niemand im oder am Haus anwesend war, verständigte der Passant die Polizei. Am Abend erhielt ich telefonisch durch einen mir bekannten Beamten die Todesnachricht. Ich selbst befand mich in München, meine Mutter war als Reiseleiterin auf einer Brotze-Studienreise in Norwegen unterwegs, meine Schwester lebte mit ihrem Mann in Hamburg.

Der Vater starb einsam und in aller Stille, aber sicher nicht unvorbereitet. Vor der Abreise der Mutter war er scheinbar unmotiviert vom Bibliothekszimmer heruntergestiegen und hatte seiner am Herd beschäftigten Frau ein Blatt Papier hingehalten, auf das er Hermann Hesses Gedicht „Stufen" abgetippt hatte. Es endet mit den Zeilen:

> *„Der Weltgeist will nicht fesseln uns und engen,*
> *Er will uns Stuf' um Stufe heben, weiten.*
> *Kaum sind wir heimisch einem Lebenskreise*
> *Und traulich eingewohnt, so droht Erschlaffen,*
> *Nur wer bereit zu Aufbruch ist und Reise,*
> *Mag lähmender Gewöhnung sich entraffen.*
> *Es wird vielleicht auch noch die Todesstunde*
> *Uns neuen Räumen jung entgegensenden,*
> *Des Lebens Ruf an uns wird niemals enden ...*
> *Wohlan denn Herz, nimm Abschied und gesunde!"*

Die Mutter, ruhelos und überarbeitet wie immer, hatte damit nichts anzufangen gewusst, sich eher gestört gefühlt und hatte ihren Mann gedankenlos wieder weggeschickt. Das bereute sie später bitterlich, die Szene war aber zweifellos symptomatisch für die vertrackte Ehe dieser zwei gutwilligen und geistbewegten, aber extrem gegensätzlichen Menschen.

Zur Beerdigung im Familiengrab der Hamms auf dem Münchner Waldfriedhof erschienen neben der Hamm'schen Verwandtschaft – die österreichische blieb verschollen – auch, ungeachtet des beträchtlichen Reiseaufwands, einige Bauern aus der Nachbarschaft. Sie erwiesen dem Mann die Ehre, der trotz seines manchmal erratischen Verhaltens und der Vertretung von Interessen, die den ihren häufig konträr waren, ihre Achtung erworben hatte. Beim anschließenden Leichenschmaus erzählten sie Geschichten, wie sich der Mann, der nach dem Tod der Großmutter 1955 auf dem Baierhof das Sagen hatte und schon vorher alles Behördliche für die Familie geregelt hatte, seit seinem Auftauchen nach dem Krieg mit Neugier für die Verhältnisse, unprätentiöser Umgänglichkeit und eigenwilligem Witz in die für ihn ganz neuen Verhältnisse hineingefunden hatte.

Der Tod des Vaters beendete die fragile Reit im Winkler Idylle von einem Tag auf den anderen. Die Mutter konnte nicht allein auf dem Hof leben, meine Schwester unterrichtete in Hamburg und ich selbst hatte mit meiner beruflichen Etablierung als Historiker an der Universität genug zu tun. Es blieb nichts anderes übrig, als den Hof zu verkaufen und die Wiesen, die angesichts des Bauernsterbens niemand haben wollte, zu einem rein symbolischen Preis zu verpachten. Der Ertrag des Hofverkaufs wurde benötigt, um der Mutter für die vielen Jahre, die ihr noch blieben, das Leben in einem passenden Rahmen zu ermöglichen – soweit davon überhaupt die Rede sein kann.

Für mich bedeutete der Verkauf des Hofes die Erfahrung eines Verlustes und einer Niederlage, die mich in Träumen bis heute verfolgt. Das Aufwachsen auf dem Hof und das Reit im Winkler Ambiente waren nolens volens ein Bestandteil meiner Identität geworden. Erst sehr viel später begriff ich, dass innerhalb der mütterlichen Familiengeschichte, die sich bis ins 14. Jahrhundert zurückführen lässt, das Leben in Reit nur eine sehr kurze Episode von 46 Jahren darstellte, von denen ich selbst mit Bewusstsein gerade einmal rund 30 Jahre erlebt hatte. Aber der familiäre Kult um den Großvater und um den Hof führte zusammen mit der Intensität der kindlichen und jugendlichen Erfahrung der einprägsamen Umwelt dazu, dass ich zur Kürze dieser Vergangenheit zunächst überhaupt kein Verhältnis gewann. Ich war in diese Umgebung hineingeboren und hielt sie im Kern für unveränderlich. Alles, was zeitlich vor dem eigenen Bewusstwerden liegt, hat für die Weltwahrnehmung bekanntlich eine völlig andere Qualität als das selbst Erlebte und Erfahrene. Es bleibt, wenn es allmählich ins Bewusstsein dringt, ein purer Schemen. Dieser Schemen füllte sich beim Heranwachsen mit der Vorstellung von der Selbstverständlichkeit des gegenwärtigen Zustands. Was war, konnte nicht anders sein. So schien die Familie immer schon an diesem ganz bestimmtem Ort gewesen und hatte diesen Platz in der Gesellschaft eingenommen, in den ich dann hineinwuchs. Gewiss vermittelte das Erzählen des „Familienromans" (Freud) vor den kindlichen Ohren ein Wissen um die dramatischen Geschehnisse und den grundstürzenden Wandel in den Biografien der Eltern und Großeltern in den Jahren der Weimarer Republik und des „Dritten Reichs", in den Kriegs- und Nachkriegsjahren. Aber dieses Wissen blieb zunächst ganz abstrakt. Es bewegte sich auf einer völlig anderen Bewusstseinsebene als das vegetative Gefühl des Einseins mit der vorgefundenen Natur und menschlichen Umgebung und mit ihrer vermeintlichen Unveränderbarkeit.

Dieses bis zum Verkauf des Reit im Winkler Anwesens unbewusste Gefühl der Einheit mit der Umwelt lebt anscheinend in tiefen Schichten meines Bewusstseins bis heute fort und lässt mich die Vertreibung aus dem vermeintlichen Paradies dieser Heimat im Traum immer wieder als Katastrophe erfahren, trotz allen heutigen Wissens darüber, dass dieses Leben in Wirklichkeit alles Mögliche gewesen ist, nur kein paradiesisches. So gesehen war es höchste Zeit, dass der archaische Bewusstseinsrest der Zeitlosigkeit dem frischen Wind eines realen historischen Zugangs zur Entstehung und zu den konkreten Umständen unserer familiären Existenz an diesem Ort ausgesetzt und somit bloßes Traditions- durch Geschichtsbewusstsein ersetzt wurde. Das machte es mir dann auch als Historiker vierzig Jahre später möglich, eine sachliche Biografie zu schreiben und den mythischen Großvater Eduard Hamm in den historischen zu überführen. Dies wiederum kostete erneut einige Anstrengung und Überwindung, denn eine Änderung am Bild des Großvaters bedeutete auch eine Änderung des Bildes von mir selbst. Allzu viel Änderung war dabei gar nicht nötig, denn der historische Großvater kam dem mythisch überhöhten immer noch erstaunlich nahe. Aber das Wenige an neuer Sichtweise bedeutete eben nicht nur kleinere Korrekturen im Faktischen, sondern einen qualitativen Bruch.

Der Weg ins Offene, aber Unverzauberte, hatte schon früher begonnen, mit dem Unterricht in den Oberklassen einer ausgezeichneten Schule, mit den durch die heimische Bibliothek und den Freund stimulierten Lektüren, mit der häuslichen Geselligkeit, die mit einprägsamen Menschen und ihren Erlebnissen draußen, in der weiten Welt, bekannt machte, mit den Reisen, erst auf dem Rücksitz des elterlichen Autos und dann in eigener Regie. Den größten Einschnitt aber stellte der Beginn des Studiums dar. Für die ersten drei Semester verschlug es mich nach Basel. Eine entfernte Verwandte aus dem Nürnberger Umkreis lebte dort allein in einem schmalen, aber gediegenen Stadthaus nahe dem Spalentor. Sie war früh verwitwet, wohlhabend, führend in der Basler Wohlfahrtspflege tätig, war umfassend interessiert und freute sich, wenn sie Gesellschaft von jungen Leuten hatte. Vor mir hatte sie schon meine Schwester in ihrem Haus untergebracht, nach mir folgte eine meiner Cousinen. Sie finanzierte meine Unterbringung in einem altehrwürdigen theologischen Studentenheim am Hebelplatz schräg gegenüber dem Kollegiengebäude der Universität. Mit dem Wintersemester 1964/65 begann für mich eine Lebensphase, in der ich mich wohlfühlte wie nie zuvor und die ich heute noch als ungewöhnlich glücklich in Erinnerung habe.

Dank

Dieses Buch beruht im Wesentlichen auf meinen Erinnerungen. Zusätzliche Informationen stammen aus den von der Gemeinde Reit im Winkl herausgegebenen gehaltvollen Publikationen: Eine Chronik. Der Reiter Winkel, o.J., Häuserbuch von Reit im Winkl, o.J.

Der Hinweis auf Konrad Adenauers Lektüre der Bücher von Jürgen Thorwald über das Kriegsende ist entnommen aus David Oels, *Es begann an der Weichsel. Das Ende an der Elbe (1949/50)*, in: Elena Agazzi, Erhard Schütz (Hg.), *Handbuch Nachkriegskultur. Literatur, Sachbuch und Film in Deutschland (1945–1962)*, Berlin, Boston 2013, S. 253 ff.

Besonderen Dank schulde ich meinem Schulfreund, dem späteren langjährigen Gemeindesekretär von Reit im Winkl, Franz Höflinger. Er stellte mir in großzügiger Weise seine erstaunliche Fotosammlung und sein Wissen über die Geschichte des Ortes zur Verfügung. In seit Langem bewährter Weise halfen mir Moritz Föllmer, Per Leo, Philipp Müller, Daniel Siemens und Christine Tauber durch ihre freundschaftlich-kritische Lektüre des Manuskripts und die entsprechenden Hinweise. Für die engagierte und sorgfältige Betreuung der Publikation danke ich dem Verleger Alexander Schug und dem Lektor Ralf Diesel.

Der größte Dank gebührt meiner Frau Barbara, ohne deren Unterstützung das Buch nicht entstanden wäre. Ihr ist es auch gewidmet.

Wolfgang Hardtwig   München, den 30. Mai 2022